Henning Lindhoff

Die Snowden-Offenbarung

Wie die NSA-Leaks zum Angriff auf das freie Internet genutzt werden

AF548324

LICHTSCHLAG NR. 31

LICHTSCHLAG NR. 31

Henning Lindhoff

Die Snowden-Offenbarung

Wie die NSA-Leaks zum Angriff auf das freie Internet genutzt werden

ISBN: 978-3-939562-45-0

© 2016
Lichtschlag Buchverlag
Natalia Lichtschlag Buchverlag und Büroservice
Malvenweg 24
41516 Grevenbroich

Inhalt

Vorwort 5

Die Odyssee 8

Der Hype 16

Das Monopol 22

Die Pseudoalternativen 33

Der Pseudoschutz 46

Die Reaktion 43
- Ein Kanal, sie zu knechten 49
- Wenn der Bruder immer klüger wird 52
- Tragische digitale Allmende 58
- Yes, ICANN 64
- Caring statt Sharing 67
- Der Sensenmann macht die Schotten dicht 78

Alternativen und Widerstand 82
- Zurück zu den Wurzeln – Private bauen neue Netze 84
  - Hyperboria – Ein Netz von Nutzern für Nutzer 86
- Gegenschlag – Mit der Blockchain zur Entstaatlichung 87
  - Bitnation Emergency ID 91
  - Interview mit Aaron Koenig 95
  - Interview mit Stefan Dyck 98

Resümee 101

Vorwort

Sie wollen Sicherheit?

Dann geben Sie Ihre Rechte ab!

So lautet die Logik der Regierungen, die sich seit Beginn des „Kriegs gegen den Terror" mehr denn je dazu beauftragt fühlen, ihre Bürger vor dem Bösen zu bewahren. Edward Snowden deckte im Sommer 2013 das Ausmaß der US-amerikanischen Massenüberwachung auf. Mit ihm schien eine Kehrtwende plötzlich zum Greifen nahe.

Doch schnell kehrte Ernüchterung ein. In der Post-Snowden-Ära ist irgendwie doch alles beim Alten geblieben. Das bisschen Unsicherheit beim Surfen auf kollektiven Erregungswellen, beim Amazon-Einkauf oder beim Video-Plausch mit automatischer Übersetzungshilfe ist doch leicht zu verdauen bei der nächsten Runde Angry Birds oder Tetris – je nach Alter und Retro-Anfälligkeit.

Und die Staaten dieser Welt tun gut daran, den NSA-Leaks jede nur denkbare Durchschlagskraft bereits im Ansatz zu rauben. Für sie steht das Überleben auf dem Spiel. Die freie Kommunikation von freien Menschen über den gesamten Erdball verteilt ist ihr Schreckensszenario. Oder wie es US-Senator John Jay Rockefeller im März 2009 vor dem US-Senatsausschuss für Handel, Transport und Wissenschaft einmal unheilschwanger in Frageform formulierte: „Wäre es nicht besser gewesen, wenn wir das Internet gar nie erfunden hätten?"

Snowden hat keinen Skandal aufgedeckt, der die Menschen aufwühlte, zum Umdenken und Auflehnen animierte. Wie viele Menschen sorgen sich denn heute wirklich, mit allen praktischen Konsequenzen, um ihre Datensicherheit im Netz, geschweige denn um ihre wirklich existentielle Bedrohung durch den nun allwissenden Steuerstaat? Nein, Snowden hat offenbart. Er hat den Startschuss gegeben für neue Formen der Überwachung, für neue, weicher wirkende Strukturen des Gewaltmonopols und wahrscheinlich auch für engere Formen der weltweiten Kommunikation.

Und was ist an Snowdens Story überhaupt dran? Ist er ein wahrer Whistleblower? Ein Überläufer? Ein genialer Humanist? Oder nur ein Pressesprecher?

Die Frage, ob womöglich ganz andere, staatliche, Stellen hinter der Offenbarung stecken, ist berechtigt, denn auch die NSA-Leaks bekamen erst durch die Verfolgung und den politischen Aufruhr die richtige Aufmerksamkeit und einen offiziellen Qualitätsstempel. Wenn sich die NSA über ihn echauffiert, dann muss ja was dran sein an seinen Enthüllungen. Skepsis erscheint jedoch angebracht, wenn staatsnahe Medienhäuser Recherche-Teams ins Leben rufen und die vermeintliche Staatskritik auf neue Hype-Höhen tragen. Die Leaks waren sicherlich nicht unwahr. Aber die Offenbarung sollte verbreitet werden. Auf allen Ebenen und Kanälen wurde an der Verkündung gearbeitet. Warum?

Es gilt in jedem Falle, die Person Edward Snowden zu durchleuchten und seinen beruflichen Weg nachzuzeichnen, will man die Geschehnisse in den richtigen Kontext einbetten. Dies wird in diesem Buch geschehen.

Weit weniger öffentlichkeitswirksam als die Lobpreisungen Snowdens und die Erregungen über die vergangenen und gegenwärtigen Überwachungsmaßnahmen haben die NSA-Leaks auf dem politischen Parkett für ganz konkrete Projekte gesorgt. Während sich deutsche Ermittlungsbehörden allenfalls über das abgehörte Handy der Kanzlerin Sorgen machen möchten, zirkuliert mit dem Begriff der „Internet Governance“ ein unheilvolles Schlagwort durch die internationale Politlandschaft, unter dem nun allerlei Gesellschaftsklempner von Washington über Moskau bis Peking das weltweite Kommunikationsnetz „sicherer“ und vor allem „intelligent“ machen möchten. Es baldmöglichst zu balkanisieren, zu zerteilen, in überschaubare, kontrollierbare Segmente zu zersplittern, erscheint im politischen Sinne als eine logische Forderung.

All die Maßnahmen, so weit, wie es zum heutigen Zeitpunkt möglich erscheint, aufzudecken, steht im Fokus dieses Buches. Sie werden erkennen, dass die Rundumüberwachung des Menschen im Netz noch lange nicht das Ende der Fahnenstange darstellt. Es geht um mehr. Es geht darum, alte Reviere zu markieren und neue zu verhindern. Es geht um die Zerstörung eines Werkzeugs, das den alten Machtstrukturen ein schmerzhafter Dorn im Auge ist.

Die Odyssee

„Ich bin ein hochrangiger Geheimdienstmitarbeiter…“

Alles begann mit einer Lüge…

Glenn Greenwald, Kolumnist der britischen Tageszeitung „The Guardian“ wollte anfangs noch gar nicht so richtig darauf anspringen. Er zierte sich, mit diesem mysteriösen Schreiber aus den Tiefen des Internets zu kommunizieren. Die Person berichtete Unglaubliches. Was konnte schon echt sein an seinen Behauptungen über die National Security Agency, den Geheimdienst, den es laut offiziellen Stellungnahmen niemals gegeben haben soll? „No Such Agency“ hieß es stets in Washington. Nie zuvor war es einem Mitarbeiter der Behörde gelungen, solch reichhaltige Informationen aus Crypto City nahe Fort Meade heraus zu schmuggeln. Und die Männer, die in den Jahren zuvor bereits ähnliche Behauptungen aufgestellt hatten, wurden alsbald mundtot gemacht.

Konnte dieser Leak real sein?

Greenwald zögerte. Aber die mysteriöse Quelle schien Zugang zu einem bemerkenswerten Fundus geheimer Dokumente zu besitzen. Doch wie sie dieses Material der NSA entreißen konnte, schien ein Rätsel zu sein. Aufklärung versprach nur das persönliche Treffen in Hongkong, dort, wohin Greenwalds Quelle geflohen war. Ausgerechnet Hongkong, ein seit Jahrzehnten berüchtigtes Nest von Schlapphüten aus allen Herren Länder, rundum überwacht von chinesischen Geheimdiensten. „Bizarr“ war dieser Treffpunkt. Das wusste auch Glenn Greenwald. Doch die ganz große Story lockte, der ganz große Leak und das Licht der internationalen Öffentlichkeit.

Gemeinsam mit der Dokumentarfilmerin Laura Poitras, die ihn zuvor immer wieder zur Kontaktaufnahme ermuntert hatte, flog Greenwald also nach Hongkong. Die Instruktionen der Quelle waren eindeutig: Das Treffen würde stattfinden in einer ruhigen Ecke des Mira Hotel in Kowloon im Herzen des

Touristenviertels, neben einem Plastikalligator. Mit einem Zauberwürfel in der Hand tauschte der der NSA Entflohene zuvor genauestens abgesprochene Floskeln mit den beiden Journalisten aus. Sein Name: Edward Snowden. Die beiden Journalisten folgten ihm unauffällig auf das Hotelzimmer.

Die NSA-Spionage sei ohne Beispiel, erklärte der junge Mann. Nicht nur ausländische Aktivitäten würden überwacht. Auch kein einziger Bürger im US-Inland könne sich mehr sicher fühlen. Die Augen von Crypto City sähen alles und jeden.

Doch welch ein Typ war dieser Informant? Konnte dieses schmalbrüstige, milchgesichtige Studentenabziehbildchen wirklich Zugang zu hochsensiblem Material des geheimsten aller westlichen Geheimdienste haben?

„Ich fiel fast in Ohnmacht, als ich sah, wie jung er war. Es dauerte 24 Stunden, mein Gehirn neu zu verkabeln“, beichtete Poitras später. Sie hatte vor dem Treffen vier Monate lang mit Snowden im Internet kommuniziert und sich ihr eigenes Bild von einem verwegenen Schlapphut-Veteranen gemalt.

Angekommen in Snowdens Zimmer, fielen Glenn Greenwald die gesammelten Überreste einer Reihe von Tagen unter Betreuung des Zimmerservices auf — Tabletts, halbaufgegessene Mahlzeiten, schmutziges Geschirr. Snowden erklärte, er habe das Hotel nur dreimal verlassen, seit er zwei Wochen zuvor unter seinem richtigen Namen eingecheckt habe.

Greenwald und Poitras glaubten ihm. Auch seine Geschichte über die Leaks nahmen sie für voll. Viele Gespräche folgten, unzählige Artikel, Vorträge und ein eigener Dokumentarfilm.

Alle freuten sich. Die Tageszeitungen freuten sich. Die Fernsehsender freuten sich. RAF-Anwalt Hans-Christian Ströbele und Georg Mascolo freuten sich. Die Blogger freuten sich. Selbst die Hacker des ach so kritischen Chaos Computer Clubs freuten sich. Denn Edward Snowden hatte zu uns gesprochen. Er hat uns die Augen geöffnet, und wir können sie nun endlich sehen: die weltweite Mega-Überwachung. Ein klein bisschen Asyl erscheint da für den Propheten kaum zu viel verlangt.

Doch ist die ganze Geschichte um Snowden nicht ein wenig zu schön, um wahr zu sein? Passt sie nicht viel zu gut in das große Bild von den omnipotenten Geheimdienstmonstern, das wir alle schon seit geraumer Zeit erahnen, das uns die Protagonisten der televisionären Popkultur schon so lange servieren? Es wird Zeit, etwas tiefer zu blicken. Wer ist dieser Prophet Snowden wirklich? Wer ist der Spion, der seit Juni 2013 auf allen medialen Kanälen wandelt? Und warum will sein Enthüllungsprozess einfach kein Ende mehr nehmen?

Zunächst lohnt ein Blick auf die kurze Biographie des heute 32-jährigen Mannes aus North Carolina, die der Journalist Jon Rappoport schon kurz nach Auffliegen des NSA-Skandals zusammentragen konnte. Nach seinen Erkenntnissen schloss sich Snowden im Alter von 19 Jahren ohne Schulabschluss der US-Armee an. Er begann dort seltsamerweise schon kurz nach Aufnahme in die Armee ein sonst nur für bewährte Soldaten konzipiertes Trainingsprogramm, um später bei den Special Forces unterkommen zu können. Während des Programms zog sich Snowden jedoch schwere Beinverletzungen zu und wurde daraufhin prompt entlassen, ohne dass anscheinend zunächst Rehabilitationsmaßnahmen in Betracht gezogen wurden. Was auffällt, da er vor allem aufgrund seiner herausragenden Computerkenntnisse in die Special Forces aufgenommen werden sollte. Kurz nach seiner Entlassung ergatterte Snowden einen Job als Wachmann in einem NSA-Gebäude der Universität von Maryland. Noch im gleichen Jahr 2003 soll sich Snowden ein weiteres Mal beruflich neu orientiert haben und in eine IT-Abteilung der CIA gewechselt sein. Im Jahr 2007 versah ihn die CIA mit diplomatischer Immunität und schickte ihn nach Genf. Dort sollte er die Netzwerksicherheit der Schweizer CIA-Abteilung sicherstellen. Snowden war seitdem im Besitz besonderer Zugangsberechtigungen und erhielt Einsicht in diverse Verschlussachen. Soweit vermag also ein IT-Fachmann ohne jeglichen Schulabschluss in das Geheimdienstlabyrinth vorzudringen. 2009 quittierte Snowden seinen Dienst. Er stieg aus. Aus Gewissensgründen. Heute sagt er, er sei desillusioniert gewesen. Schon während dieses nur zweijährigen Dienstes in einem CIA-Außenposten in Genf habe er mit Hilfe eines handelsüblichen USB-Speichersticks genügend Material gesammelt, um die Geheimdienstwelt erschüttern zu können, so Snowden. Doch er schwieg. Er wartete. Worauf? Statt zu plaudern nahm er einen Job bei einem Vertragspartner der US-Kriegsmaschine an und arbeitete in einer Einrichtung der NSA in Japan. Zu diesem Zeitpunkt musste Snowden schon längst gewusst haben, wie der Hase läuft. Doch die zuvor noch schmerzenden Gewissensbisse schienen ihn nicht mehr zu stören. Auf seiner Karriereleiter folgten später noch die Firmen Dell und Booz Allen Hamilton. Im Auftrage von Booz arbeitete er schlussendlich abermals für die NSA.

Snowdens Angaben über den Erfolg seiner Unternehmung sind widersprüchlich. Im Sommer 2013 will er noch einige Tausend als geheim klassifizierte Geheimdienstdokumente entwendet haben. Ein halbes Jahr später wurde bereits von zwei Millionen Papieren geredet. Nach eigenen Angaben will Snowden sie allesamt eigenständig und sorgsam durchgesehen und überprüft haben. Doch inwieweit war ihm dies in den vergangenen Jahren, während er noch für die NSA arbeitete, zeitlich und organisatorisch überhaupt möglich? Warum konnte der angebliche Mega-Geheimdienst NSA es nicht schaffen, Snowden am Untertauchen und Veröffentlichen zu hindern, während er gleichzeitig angeblich jedes kleine Detail aus dem Leben aller anderen Untertanen zu kennen vermag? Warum floh Snowden ausgerechnet in das Spionagenest Hongkong, das als ehemalige britische Kolonie seit Jahrhunderten schon als Sprungbrett für westliche Schnüffler und Provokateure in den asiatischen Raum dient? Die NSA soll ihn dort nicht gefunden haben und nicht bemerkt haben, dass er einen Flug nach Russland buchte. Seine vier Laptops soll sie ebensowenig geortet geschweige denn gehackt haben können.

Circa 200.000 Dokumente hat Snowden bislang an seinen Kompagnon Glenn Greenwald, der in den vergangenen drei Jahren auf der Socialism Conference der International Socialist Organization sprach und unter anderem die Schwächung der

USA forderte, weitergeleitet. Hunderttausende von Papieren könnten also noch folgen. Falls es Snowdens neue Freunde zulassen. Die ehemalige FBI-Übersetzerin und heutige Journalistin Sibel Edmonds wurde nach eigenen Angaben „kontaktiert von einem NSA-Funktionär im Ruhestand, der behauptet, dass die von Edward Snowden beschafften Dokumente weitreichende Informationen enthalten über die Partnerschaft der NSA mit großen amerikanischen Finanzeinrichtungen. Der Funktionär, der auf Anonymität bestand, behauptet, dass eine Abmachung Anfang Juni 2013 getroffen worden sei zwischen den Journalisten, die in den aktuellen NSA-Skandal involviert sind, und Regierungsvertretern. Die Abmachung sei unter Geheimhaltung gestellt und mit Schweigeklauseln abgesichert worden." Diese Aussage ist purer Sprengstoff. Glaubt man Sibel Edmonds, erscheinen Snowden und sein Enthüllungstheater als reine Kampagne. Doch zu welchem Zweck? Welche Interessengruppen ziehen im Hintergrund die Fäden?

Ebay-Gründer Pierre Omidyar errichtete nach den ersten Meldungen über Snowdens Leaks gemeinsam mit Glenn Greenwald und Laura Poitras sowie Jeremy Scahill das Mediennetzwerk First Look Media. 250 Millionen Dollar wurden zügig in das Projekt investiert. 50 Millionen Dollar davon stammen vom selbsternannten Philanthropen Omidyar. Alle zukünftigen Dokumente Snowdens sollen durch sein Netzwerk veröffentlicht werden. Im Vorstand von Omidyar Network, der Investmentgesellschaft Pierre Omidyars, sitzt unter anderem Salvadore Giambanco. Giambanco agiert gleichzeitig als Berater der Firma Globant aus San Francisco, die sich als allumfassende IT-Dienstleisterin versteht. Von sozialen Netzwerken über Spiele bis hin zu Cloud Computing wird die gesamte schöne neue Internetwelt in sogenannten „Innovation Labs" geplant, erprobt und umgesetzt. Neben Omidyar Network ist Philip Odeen, einer der Direktoren von Booz Allen Hamilton, größter Anteilseigner von Globant. Dort fungiert er ebenfalls als Direktor.

Eine wichtige Investorin von Omidyar Network ist die MIT-Absolventin und Fernsehkomikerin Dhaya Lakshminarayanan. Vor einiger Zeit arbeitete sie noch als Beraterin für Booz Allen Hamilton.

Eine weitere Verbindung zwischen Snowdens Ex-Arbeitgeber und seinem neuen Mentor Pierre Omidyar besteht zudem über die Firma InnoCentive, die sich auf das sogenannte Crowdsourcing, die Auslagerung betriebsinterner Aufgaben per Beauftragung externer Anbieter, spezialisiert hat. Zu den Kunden von InnoCentive gehört neben diversen Regierungsagenturen auch Booz Allen Hamilton. Zu den Investoren von InnoCentive zählt neben Omidyar Network auch In-Q-Tel, die Investmentgesellschaft des Geheimdienstes CIA, die auch in Google investierte, beste personelle Verbindungen zu Facebook unterhält und in deren Vorstand bis vor kurzem noch Dr. Anita Jones, die ehemalige Beraterin des amerikanischen Verteidigungsministeriums und zuständige Kontrolleurin der Abteilung für Hochtechnologie im Ministerium (DARPA), agierte. DARPA gründete im Jahr 2002 das Information Awareness Office, das bis heute, unter immer wieder geänderten Namen, das Ziel verfolgt, so viele Daten wie möglich über jeden Bürger zwecks amtlicher Durchsicht zu sammeln. Zu den überwachten Datenbeständen gehören dabei unter anderem Internetaktivitäten, Kontobewegungen, Flugticketkäufe, Führerscheindaten, Mietautoverträge, medizinische Akten, Steuerrückzahlungen und vieles mehr.

Doch auch auf direktem Wege verfügt Snowdens Mentor Pierre Omidyar über ausgezeichnete Kontakte nach ganz oben. US-Präsident Barack Obama berief ihn zum Beispiel höchstpersönlich in die President's Commission on White House Fellowships, die Stipendien an junge US-Amerikaner für eine Ausbildung im Weißen Haus vergibt. Pierre Omidyar hat also Erfahrung mit der Rekrutierung neuer Köpfe für staatliche Unternehmungen.

Ist Edward Snowden also womöglich niemals aus dem Geheimdienstnetz entkommen? Ist er nur Teil einer nachrichtendienstlichen Operation, mit der ganz andere Ziele verfolgt werden, als aktuell erklärt wird?

Zurück zu dem Fragenkomplex rund um Snowdens Material und dem zähen Enthüllungsprozess: Kaum ein Schreiberling erinnert sich noch daran, dass Glenn Greenwald bereits im Sommer 2013 in einer E-Mail an die Redaktion des Internet-Nachrichtensammlers BuzzFeed ankündigte, dass große Teile der Dokumente womöglich nie veröffentlicht werden: „Es geht uns nicht um willkürliches Veröffentlichen der Dokumente. Unsere Quellen wollen das nicht."

Eine bemerkenswerte Aussage. Wenn er mit „Quellen" die NSA meint, ist ihm ein deutliches „natürlich" zu entgegnen. Natürlich will die NSA verhindern, dass das Material öffentlich wird. Das ist schließlich der Kern jeder Spionage-Operette. Doch was, wenn er mit „Quellen" nicht die NSA meint? Stecken hinter Edward Snowden Dunkelmänner, die ihm erst die Papiere zuspielten? War Snowden gar nicht persönlich am Datenklau beteiligt? Ist er letztendlich nur die Marionette in einem größeren Spiel?

Viele Fragen. Und die wichtigste zuletzt: Warum? Warum sollten amerikanische Geheimdienste und ihre Verbündeten überhaupt Geschichten über ein weltweites, omnipotentes Überwachungsnetz in die Welt setzen wollen?

Nicht nur die Biographie Edward Snowdens erscheint heute nebulös. Auch bezüglich der genauen Umstände, die zu seinem Datenklau führten, sind einige Fragen offen.

Ungeklärt ist zum Beispiel die Frage, wann Edward Snowden erstmalig begann, Geheimnisse zu stehlen. Im März 2013 begann er seine Arbeit für Booz Allen Hamilton, doch schon zwei Monate zuvor hatte er Laura Poitras die ersten Dateien angeboten. Woher stammen diese Dateien?

Auch Snowdens Reise nach Hongkong wirft Fragen auf. Warum flog er ausgerechnet dorthin? Für jeden mit Verbindungen in den US-amerikanischen Staatssicherheitskomplex bietet die von den chinesischen Geheimdiensten strengstens überwachte Metropole mehr Gefahren als Vorteile. Womöglich hätte Snowden überall hinreisen können. Schließlich hatte er von seinem Arbeitgeber einige Tage Urlaub bekommen, um sich offiziell einer Epilepsiebehandlung zu unterziehen. Warum dann ausgerechnet Hongkong? Wollte Edward Snowden einfach alle Brücken hinter sich abreißen? Oder versuchte er, die NSA vorzuführen? Wollte er gar gegnerische Geheimdienste unterstützen?

Stimmt die offizielle Geschichte nicht, könnten Snowdens Dokumente dazu dienen, das bedrohliche Bild von den allmächtigen US-Geheimdiensten aufrechtzuerhalten – ein Potemkinsches Dorf der schlechten Laune. Hinter dem geldschluckenden Überwachungsungetüm steckt dann womöglich wenig bis gar nichts. Crypto City, die schwarze Kiste im US-amerikanischen Fort Meade, beherbergt vielleicht wirklich riesige Rechenzentren, jedoch nicht das zur allumfassenden Überwachung immer noch notwendige Personal.

Sind Greenwald, Poitras und Snowden aber im Recht, könnte der zähe Enthüllungsprozess dazu dienen, die bürgerlichen Untertanen Schritt für Schritt an die Überwachung zu gewöhnen. In der langsamen Gewöhnung besteht schließlich die effizienteste Art der Gehirnwäsche. Per Salamitaktik zum Leben im digitalen Narrenkäfig. Der neue Alltag?

Der Hype

„Das ist inakzeptabel. Das geht gar nicht“, ereiferte sich ZDF-Regierungssprecher Steffen Seibert. Auch die Halsschlagader Cem Özdemirs schwoll schon beträchtlich an: „Es kann kein ‚business as usual‘ geben angesichts der Dramatik der Ereignisse.“ Seit Beginn des Enthüllungsprozesses jagt in der politischen Landschaft ein Tobsuchtsanfall den nächsten. Doch ist das Vorgehen des Nachrichtendienstes wirklich so unfassbar, wie uns die Politik weismachen will?

Neu ist daran wenig. In Deutschland müssen alle Telekommunikationsanbieter mit mehr als 10.000 Kunden den Diensten Abhörschnittstellen zur Verfügung stellen. In den Rechenzentren müssen geeignete Räume zur Verfügung gestellt werden, in die die Techniker der jeweiligen Behörde ohne Wissen des Betreibers rein und raus können, um Abhörausrüstung zu installieren. Seit Januar 2002 bereits liefert dafür die „Verordnung über die technische und organisatorische Umsetzung von Maßnahmen zur Überwachung der Telekommunikation“ (TKÜV) das juristische Fundament.

Auch dass ausländische Geheimdienste mitmischen dürfen, sollte deutschen Behörden und Politikern seit geraumer Zeit bekannt sein. In der Internationalen Fernmeldeunion (ITU), einer Sonderorganisation der Vereinten Nationen, koordinieren Regierungsvertreter aus aller Welt unter anderem ihre technische Vorgehensweise zur Telekommunikationsüberwachung. Schon 1946 unterzeichneten zu diesem Zweck die USA und Großbritannien das UKUSA-Abkommen, zu dem später Neuseeland, Australien und Kanada hinzustoßen sollten. UKUSA legte die rechtliche Basis für das amerikanische Überwachungsprogramm ECHELON, unter dem bis 2004 auch im bayrischen Bad Aibling Daten gesammelt wurden. Großbritannien ist unter den fünf Vertragsstaaten, auch „Five Eyes“ genannt, explizit für die Datensammlung in Europa zuständig. TEM-

PORA stellt hier lediglich die aktuelle Form der Umsetzung dar.

Und auch auf EU-Ebene sollte sich der Schrecken über die Enthüllungen in Grenzen halten. Das Europaparlament wird schon seit den 90er Jahren regelmäßig und umfassend über die laufende Telekommunikationsüberwachung unterrichtet. Über ECHELON lagen den Abgeordneten noch vor der Jahrtausendwende ausführliche Informationen diverser IT-Experten vor. Duncan Campbell adressierte im April 1999 seinen ausführlichen Report „Interception Capabilities 2000" an das Sekretariat des Europaparlaments. In diesem schrieb er unter anderem, dass „die verdeckte Ableitung ausländischer Kommunikation seit Beginn des digitalen Zeitalters jeder entwickelten Nation zur Verfügung" stehe. Auch werde das „NSA-geführte ECHELON seit 1997 auf EU-Ebene diskutiert". Die Zusammenarbeit zwischen NSA und europäischen Staaten sei spätestens 1993 intensiviert worden. Seitdem träfen sich Computerexperten aus den jeweiligen Regierungen zu den jährlichen „International Law Enforcement Telecommunications Seminars" (ILETS). Während des Bonner ILETS 1994 sei die technische Vorgehensweise der Überwachung standardisiert worden, so Campbell. Das entsprechende ILETS-Grundsatzpapier IUR basierte im wesentlichen auf einem vorangegangenen Arbeitspapier des amerikanischen FBI. In den Folgejahren wurde es ausgearbeitet und 1998 der EU-Arbeitsgruppe ENFOPOL vorgelegt. Diese Arbeitsgruppe des Ministerrats präsentierte es dann den europäischen Justizministern. Gesetzliche Maßnahmen folgten. Auch für die deutsche TKÜV stand das IUR Pate. Die TKÜV bildet heute das juristische Fundament für Lauschangriffe auf das Internet. Seine juristische Historie reicht mindestens zurück bis ins Jahr 1993. NSA, FBI und EU saßen von Beginn an im gleichen Boot.

Vor Edward Snowdens Preisgaben vertrauten die Nachrichtendienste auf die Naivität der Bürger, zu glauben, dass lediglich Terroristen und andere verdächtige Mitbürger überwacht würden. „Taktische Überwachung" heißt dies im Schnüfflerjargon. Das einzig Neue an PRISM und TEMPORA stellt nun die

Erkenntnis dar, dass die Daten aller Bürger gesammelt und im Bedarfsfall ausgewertet werden. Diese „strategische" Überwachungsmethode aufgedeckt zu haben, ist das Verdienst Edward Snowdens.

Doch ganz gleich, ob FBI, NSA, BKA, BND, TEMPORA, PRISM, GCHQ, CIA oder alle zusammen: Diese staatliche Überwachung braucht Helfer.

Ein Blick nach Kalifornien: Das Silicon Valley pflegt beharrlich sein Image von Rebellion und Unangepasstheit. Ein Flair von Anti-Establishment umweht die oft noch jugendlichen Kreativen. Und erfolgreich sind sie dabei auch noch. Facebook, Youtube, Twitter und andere Dienste haben die Welt revolutioniert. Sie haben sie schrumpfen lassen. Ein Kunststück, das sich mittlerweile auch auf den Kontoauszügen bemerkbar macht.

Doch auch das Revoluzzer-Image verkümmert auf den zweiten Blick zu einem Mythos. Die erfolgreichen Protagonisten des Web 2.0 sind schon lange nicht mehr die rebellischen Hacker in den Garagen ihrer Eltern. Das von ihnen eingeläutete schöne neue Internetzeitalter hat nicht nur Vorteile. Es offenbart auch dunkle Seiten. Viele IT-Dienstleister arbeiten eng verknüpft mit staatlichen Behörden und Geheimdiensten. Anhand von Facebook lässt sich die Symbiose sehr gut nachvollziehen.

Im Mai 2005 stieg die Beteiligungsgesellschaft Accel Partners bei Facebook ein. Mit einer Einlage im Wert von ursprünglich 12,7 Millionen Dollar gehört sie noch heute zu den größten Anteilseignern von Facebook. Über Accel-Manager James Breyer ist Facebook indirekt auch mit der im Jahr 1999 von der CIA gegründeten Investmentgesellschaft In-Q-Tel verbunden. Über die National Venture Capital Association (NVCA) pflegte Breyer regelmäßigen Austausch mit In-Q-Tel-Generaldirektor Gilman Louie. „Technologien zur Datensammlung" beschreibt In-Q-Tel als eines seiner wichtigsten Geschäftsfelder. Auch der ehemalige NVCA-Direktor Howard Cox sitzt im Vorstand von In-Q-Tel. Er ist Manager von Greylock Partners, eines weiteren bedeutenden Facebook-Investors. 27,5 Millionen Dollar investierte Greylock Partners in Zuckerbergs Unternehmung.

Facebook ist dabei keine Ausnahme. Viele andere schwere und leichte Gewichte der Branche werden seit 1999 von In-Q-Tel auf direktem Wege beglückt. Denn die CIA beobachtete die Entwicklung der ersten Internetdienstleister während der 90er Jahre mit Argusaugen und erkannte, dass die amerikanischen Geheimdienste kaum den großen Entwicklungsschritten der privaten Unternehmen folgen konnten. War der hochtechnologische Fortschritt in den Jahrzehnten zuvor stets mit hohem Steuergeldeinsatz beherrschbar gewesen, so schuf und schafft das Internet weiterhin unzählige lukrative Geschäftsmöglichkeiten für private, nicht zentralisierte Investoren. Staatliche Stellen, allen voran die CIA, sahen ihre Felle davonschwimmen. Also wurde Norman Augustine, ein ehemaliger Generaldirektor des Rüstungsunternehmens Lockheed Martin, vom damaligen CIA-Direktor George Tenet damit beauftragt, ein Geschäftskonzept für die CIA auszuarbeiten. Der Geheimdienst sollte wieder chancenreich im IT-Business mitmischen können. In-Q-Tel wurde aus der Taufe gehoben. Zunächst sollte das Unternehmen „In-Tel“ genannt werden. Doch dies hätte wahrscheinlich die Verbindung zu den Geheimdiensten viel zu deutlich aufgezeigt. Also erinnerte man sich in Langley an den Leiter der geheimdienstlichen Forschungsabteilung aus den James-Bond-Filmen und fügte ein „Q“ ein. Konzipiert als Non-Profit-Organisation besteht der Auftrag bis heute darin, in junge Technologieunternehmen aus dem Silicon Valley zu investieren. 30 Millionen Dollar jährlich stellte George Tenet dem Generaldirektor Gilman Louie, einem ehemals sehr erfolgreichen Entwickler von Computerspielen, zunächst zur Verfügung. Aufstrebende Sternchen am IT-Himmel erhielten von ihm Steuergeld sowie einen Zugang zu den „sehr speziellen CIA-Problemen“, wie es in dem Bericht eines Untersuchungsausschusses des US-Kongresses aus dem Sommer 2001 heißt.

Gilman Louie gründete Büros in Washington und im kalifornischen Menlo Park. Seine anfänglichen Befürchtungen, die jungen Wilden aus Silicon Valley würden niemals eine Zusammenarbeit mit der CIA eingehen, bestätigte sich nicht. Sie rannten ihm förmlich die Türe ein, wie Juraprofessor und Journalist Jeffrey Rosen im „New York Times Magazine" zu berichten wusste. „Die Möglichkeit, mit den coolen Regierungsspielzeugen spielen zu dürfen, stach ihre Ängste gegenüber Big Brother aus", schrieb Rosen im April 2002.

Nach dem Platzen der Dot-Com-Blase waren viele Firmen aus dem Silicon Valley auf der Suche nach frischem Kapital und begaben sich allzu bereitwillig in den Schoß der Regierung. Nach den Anschlägen vom 11. September 2001 pumpte Präsident Bush nochmals mindestens 38 Milliarden Dollar in den Heimatschutz. Und auch In-Q-Tel durfte fortan mit weitaus mehr Steuergeld rechnen. „Als Folge des Platzens der IT-Blase und in der Hektik nach dem 11. September erfand sich das Silicon Valley neu. Es wurde zum neuen Hauptquartier des militärisch-industriellen Komplexes", urteilte Jeffrey Rosen über diese Umbruchzeit. Während der Consumer Electronics Show (CES) in Las Vegas 2002 wurde erstmals sogar eine eigene Messehalle für die digitale Heimatschutz-Technologie eingerichtet. Ein neues Goldrauschfieber war ausgebrochen.

Kaum überraschend erscheint es nun also, dass Facebooks Angebote und Arbeitsweise sehr stark an ursprünglich geheimdienstliche Tätigkeiten erinnern. In den Nutzungsbedingungen des deutschsprachigen Ablegers ist zu lesen: „Für Inhalte wie Fotos und Videos, die unter die Rechte an geistigem Eigentum fallen, gibst du uns eine nicht-exklusive, übertragbare, unterlizenzierbare, gebührenfreie, weltweite Lizenz zur Nutzung jeglicher Inhalte, die du auf oder im Zusammenhang mit Facebook postest. Diese Lizenz endet, wenn du deine Inhalte oder dein Konto löschst, außer deine Inhalte wurden mit anderen Nutzern geteilt und diese haben die Inhalte nicht gelöscht."

Ist der Begriff „Facebook" also womöglich nur einer von vielen Namen, unter dem das Information Awareness Office heutzutage noch agiert?

Eine gewagte These. Tatsache ist: Facebook möchte weiter wachsen. Der Finanzchef von Facebook, David Ebersman, räumte zuletzt zwar ein, dass die Zahl der amerikanischen Jugendlichen stagniere, die Facebook nutzen. Die USA und Europa scheinen also nahezu komplett ans Web 2.0 angeschlossen zu sein. Doch das Unternehmen fokussiert sich nun mehr und mehr auf die Entwicklungsländer. In Afrika wächst die Zahl der monatlich neuen Facebook-Nutzer um 29 Prozent, in Asien um 32 Prozent. Zwecks Wachstum setzt Facebook nun auf zwei Pferde. Zum einen auf die eigene Nichtregierungsorganisation Internet.org, die sich zum Ziel gesetzt hat, die gesamte Welt zu vernetzen. Zum anderen auf die Firma Onavo, die Zuckerberg und Kollegen derzeit diverse Werkzeuge zur mobilen Datenkompression liefert. Datenkompression wird für Facebook entscheidend sein, um den Zugang auch für Menschen aus den Entwicklungsländern kostengünstig gestalten zu können.

Agieren Facebook und die anderen Dienstleister der schönen neuen Internetwelt womöglich nur als halbstaatliche Agenten?

Das Monopol

Sicher ist eins: Hausdurchsuchungen finden keinesfalls mehr nur physisch statt. Auch wenn die Staatsbüttel nur noch digital anklopfen, Bits und Bytes absaugen statt Wohnungen zu verwüsten, selbstverständlich – bewahren Sie Ruhe, alles hat seine Ordnung – vorab genehmigt von einem anderen Staatsbüttel, kann und wird dies Folgen in der physischen Realität haben.

In den USA bereits sind Facebook und ähnliche Dienste ganz offiziell dazu verpflichtet, Daten ihrer Nutzer an die staatlichen Ermittlungsbehörden weiterzuleiten, wenn von diesen entsprechende Anfragen gestellt werden.

Zwischen Januar und Juni 2015 explodierte die Zahl dieser Anfragen laut Twitter regelrecht. Der beliebte Kurzmitteilungsdienst sah sich in diesem Zeitraum 4.363 Anfragen bezüglich 12.711 Kundendatensätzen gegenüber – ein Anstieg um 52 Prozent im Vergleich zum zweiten Halbjahr 2014.

Doch wirkliche Gegenwehr seitens der IT-Riesen müssen die Schnüffler der US-Geheimdienste nicht fürchten. Ihre willigsten Vollstrecker fanden sie in den vergangenen Monaten sicherlich in den Gebäuden des Telekommunikationskonzerns AT&T. Die „New York Times" berichtete nach Auswertung der Dokumente Snowdens im August 2015, AT&T habe der National Security Agency (NSA) intensiv geholfen, einen Großteil des Internetverkehrs, der durch die Vereinigten Staaten geleitet wurde, zu überwachen und auszuspähen. Die NSA selbst habe die Zusammenarbeit gelobt. Sie sei „besonders produktiv" und „einzigartig".

Die Folgen dieser Kooperation bekamen unter anderem im Sommer 2015 Polizisten und Feuerwehrleute zu spüren, die am 11. September 2001 ihren Dienst in Manhattan geleistet hatten und seitdem an diversen Krankheiten leiden. Die Beamten und städtischen Angestellten sollen nach Einreichung ihrer Anträge auf Berufsunfähigkeitsrenten noch allerlei entlarvende, weil

Freuden des Lebens andeutende, Fotos und Statusmeldungen auf Facebook veröffentlicht haben. Ihre Facebook-Meldungen und -Fotos mussten samt und sonders an die zuständigen Ämter übergeben werden.

Facebooks Unternehmensanwälte waren mit ihrer Klage gegen den entsprechenden richterlichen Durchsuchungsbeschluss am New Yorker Berufungsgericht gescheitert. Sie hatten unter anderem damit argumentiert, dass sich die Datenerhebung von einer normalen Hausdurchsuchung unterscheide, da die Nutzerdaten vom Unternehmen erst zusammengetragen und an die Behörden übermittelt werden müssten. Dem widersprach das Berufungsgericht. Es gebe schlicht und einfach kein in der Verfassung verbrieftes Recht, Durchsuchungsbefehle vor ihrer Umsetzung zu bestreiten.

Die Pointe, die die Richter unter den Tisch fallen ließen: Von der Existenz eines echten Durchsuchungsbefehls erfährt der Betroffene erst bei der Umsetzung. Er kann ihn also gar nicht vorab angreifen. Der Befehl an Facebook, Nutzerdaten zu übermitteln, kann kein Durchsuchungsbefehl sein, da Facebook die Übermittlung nach Anweisung selbst übernimmt. Vielmehr liegt hier eine schlichte Erpressung vor.

Doch selbst ein solcher als Richterbeschluss getarnter Erpressungsversuch erscheint manchem Insider der Überwachungsmaschinerie schon als bürgerrechtlicher Luxus. Der IT-Experte Linus Neumann berichtete am 27. Juni 2013 in einer Radiosendung des Chaos Computer Clubs anhand seiner eigenen praktischen Erfahrungen: „Ich hatte das Glück, mir ein solches Rechenzentrum anschauen zu dürfen. ‚Wo sitzt denn hier der Staat?‘, fragte ich. Und mir wurde dann ein Schrank mit einfachen Schnittstellen gezeigt. Über einen ‚Monitoring Port‘ erhielten die überwachenden Dienste sämtliche Daten, die über die Leitungen dieses Rechenzentrums übermittelt wurden. Die Filterung erfolgte erst in den Rechenzentren der jeweiligen Behörde.“

Auf der Internetseite MuckRock, auf der Journalisten, Wissenschaftler und andere Bürger eingeladen werden, amtliche

Schriftstücke gemeinsam zu analysieren und zu bewerten, ist das offizielle Handbuch der US-amerikanischen Heimatschutzbehörde (DHS) zu finden, in dem seit dem August 2013 dargelegt wird, wie ihre Mitarbeiter soziale Netzwerke und Medienberichte nach Gefahrenpotentialen für die nationale Sicherheit zu durchstöbern haben.

In einem 88 Seiten umfassenden Dokument werden Standardprozeduren festgelegt. Das 58-seitige Analysten-Handbuch enthält konkrete Handlungsweisen, so zum Beispiel eine Liste von Suchwörtern zur Recherche.

Die großen US-Zeitungen und TV-Sender des Landes sowie die beiden tonangebenden Nachrichtenagenturen Reuters und AP gelten im DHS grundsätzlich als vertrauenswürdig. Zudem auch große ausländische Medien wie BBC, AFP, die englischsprachige Variante von Al Jazeera, „The Guardian“, „Le Monde“ und „The Economist“. Auf diesen Plattformen verbreitete Informationen gelten im Hause DHS als per se wahrhaftig. Hingegen sollen Internetseiten einiger ausländischer Regierungen, die Boulevardpresse, populäre Wochenzeitschriften und Blogs mit skeptischem Blick unter die Lupe genommen werden.

Die Auswertung von verdächtigen Informationen erfolgt getrennt nach klassischen Medien und sozialen Netzwerken. Im Handbuch wird auch ein Musterarbeitsplatz dargestellt. Ein Foto im Handbuch zeigt einen alltäglichen Büroschreibtisch mit umfänglichem Sichtschutz, wie man ihn aus manchen Hollywood-Streifen kennt. Die technischen Daten des Arbeitsrechners nehmen sich aber bescheiden aus. Gemäß Handbuch werden jedem Mitarbeiter ein Rechner der Firma Dell mit zwei Gigabyte Arbeitsspeicher und 232 Gigabyte Festplattenspeicher, ein Mac-Rechner sowie drei Bildschirme zur Verfügung gestellt. Auch die Software ist größtenteils gewöhnlich. Sie besteht aus der Konferenzsoftware Microsoft Communicator, aus Excel, Google Drive und einem RSS-Feed-Reader. Permanent laufen die TV-Sender CNN, Fox News und MSNBC auf je einem Flachbildschirm im vorderen Bereich des Großraumbüros.

Mindestens ein Dutzend Beamte arbeiten in dieser Überwachungsabteilung, die nicht im Washingtoner Hauptquartier der Heimatschutzbehörde angesiedelt ist. Die Überwacher agieren in zwölfstündigen Schichten und schreiben dabei stündlich Berichte per Webapplikation in ihrem Browser.

Die Liste der von ihnen zu registrierenden Stichwörter, die in sozialen Netzwerken auftauchen könnten, ist ausführlich. Von „Autoritäten" bis „Rotes Kreuz" reicht die Begriffspalette, die den US-Heimatschützern die Knie schlottern lässt.

Die Sicherheit der Bürger ist das hehre Ziel all dieser Maßnahmen.

Auch in Deutschland.

Das Bundeskriminalamt arbeitet gemeinsam mit einer deutschen Tochter des berüchtigten IT-Konzerns Computer Sciences Corporation (CSC) an der Entwicklung von Software zur sogenannten Quellen-TKÜ, der Überwachung digitaler Kommunikationskanäle direkt auf dem Rechner des Verdächtigen. Ziel ist es, den im Jahr 2008 vom Bundesverfassungsgericht als unrechtmäßig bezeichneten Bundestrojaner zu ersetzen.

Dabei ist das Unternehmen CSC kein unbeschriebenes Blatt. Das Unternehmen, vor allem die US-amerikanische Muttergesellschaft, kann eine lange Liste von Kooperation mit staatlichen Einrichtungen vorweisen. Im Jahr 1959 als IT-Beratung in Virginia gegründet, wurden die ersten Steuergelder bereits Anfang der 1960er Jahre durch Dienstleistungen für die NASA verdient. Seitdem kamen zahlreiche Verträge mit dem FBI, der CIA, dem Heimatschutz, dem Pentagon und einigen staatsnahen Rüstungsfirmen wie DynCorp, das zeitweise auch einverleibt und später weiterverkauft wurde, hinzu. Nach dem 11. September sanierte CSC die Informationstechnik der NSA von Grund auf. Damals, im Rahmen des Projekts Groundbreaker, wechselten 1.000 NSA-Mitarbeiter zu CSC. Auch den PRISM-Vorläufer Trailblazer soll das Unternehmen verantworten.

In ihrem Buch „Geheimer Krieg" führen die Journalisten John Goetz und Christian Fuchs aus: „CSC wickelt die Visa-Anträge in die Länder Kanada und Mexiko ab, hat einen milliardenschweren Beratervertrag mit dem Schweizer Versicherungskonzern Zurich, koordiniert die Versorgung der US Army mit Impfungen und biologischen Abwehrstoffen." Laut „Computer Weekly" machten im Jahr 2012 US-amerikanische Staatsaufträge 36 Prozent des Umsatzes von CSC aus. Laut Ermittlungsergebnissen der US-Staatsanwaltschaft soll CSC die CIA zwischen 2003 und 2006 bei der Organisation getarnter Gefangenenflüge gen Abu Ghraib unterstützt haben. Goetz und Fuchs kommen zu dem Schluss: „Im Grunde genommen ist CSC die EDV-Abteilung der amerikanischen Geheimdienstwelt."

Und auch in Deutschland ist CSC kein unbeschriebenes Blatt. Die „Süddeutsche Zeitung" kam im November 2013 zu dem Schluss, dass deutsche Ministerien seit dem Jahr 1990 mehr als 100 Aufträge im Wert von 300 Millionen US-Dollar an die Computer Sciences Corporation vergeben hatten. Hierzulande führt CSC elf Tochterunternehmen in 16 Städten und berät dabei politisch bestens vernetzte Kunden wie die Allianz, DaimlerChrysler und die Deutsche Bahn. Dank eines Rahmenvertrages zwischen CSC und der Bundesregierung flossen in den letzten Jahren etliche Steuergeld-Euros auf die Konten des IT-Dienstleisters. Das Auswärtige Amt erhielt Unterstützung bei der IT-Organisation und lässt die Visa-Vergabe in Katar von dem Unternehmen abwickeln. Das deutsche Justizministerium forderte Hilfe an zwecks Einführung der elektronischen Akte. Dem Finanzministerium half die Firma bei der Einführung des elektronischen Kontoauszugs. Dem Bundespresseamt wurden ein neues Nachrichtensystem und eine neue Internetseite spendiert. Das Verteidigungsministerium vergab 22 Aufträge. Eine neue Software zum Management und der Überwachung von Exporten bekam das Bundesamt für Wirtschaft und Ausfuhrkontrolle. CSC unterstützt die Bundeswehr beim „Informationsmanagement für die Sicherheit im Luftraum".

Zugriff erhielt CSC auch auf die aufgeblasenen Machenschaften rund um De-Mail. Hinzu kommen zahlreiche Studien, die Einführung der Behördenservicenummer 115, die Kommunikation bezüglich des neuen Personalausweises, das IT-Management im Bundesinnenministerium und der Aufbau des Nationalen Waffenregisters.

Doch ist das alles letzten Endes gar nicht so schlimm? Wie viel haben die deutschen Tochterfirmen wirklich mit ihrer Mutti in Virginia zu schaffen?

Volker Tripp, politischer Referent der NGO Digitale Gesellschaft, gab im Dezember 2014 vor Düsseldorfer Juristen Details der engen technischen Vernetzung zwischen CSC in Virginia und ihren Töchtern in Deutschland preis. Er berichtete: „Es fällt auf, dass die Homepage des Unternehmens auf der US-Domain csc.com liegt. Und auch die Mailadressen der CSC-Mitarbeiter in Deutschland enden allesamt auf ‚@csc.com'. Im Klartext bedeutet letzteres nicht weniger, als dass der gesamte Mailverkehr des deutschen Zweigs über die Server der amerikanischen Konzernmutter läuft." Hinzu komme: „Zum internen Wissensaustausch unterhält der Konzern neben einem eigenen sozialen Netzwerk außerdem eine Wissensdatenbank, auf die Mitarbeiter in aller Welt zugreifen können."

Eine Reißleine, wenn auch eine kurze, haben in der Zwischenzeit die Landesregierungen in Bremen, Hamburg, Schleswig-Holstein und Sachsen-Anhalt gezogen. CSC wird hier aufgrund der verschärften Vergaberichtlinien keine Beratungsaufträge mehr erhalten. Die Verantwortlichen lassen sich feiern dafür.

CSC ist natürlich ein ganz dicker Fisch im engmaschigen deutschen Überwachungsnetz. Viele kleine Meeresfrüchtchen tummeln sich darin auch.

Der Bundesnachrichtendienst (BND) plant, bis zum Jahr 2020 rund 4,5 Millionen Euro zu investieren, um die gängige Transportverschlüsselung SSL und andere Sicherheitssysteme zu knacken. Alles im Namen der bürgerlichen Sicherheit, die, so glaubt man den Regierenden, eben nur der Staat herstellen und bewahren kann. Dabei will der BND Informationen über Software-Schwachstellen einkaufen, die von umtriebigen Hackern auf mausgrauen bis tiefschwarzen digitalen Märkten angeboten werden. Besonderes Augenmerk wollen die Schlapphüte auf die sogenannten „Zero Day Exploits“ legen.

Mit einem solchen „Exploit“ nutzt ein Hacker bestehende Sicherheitslücken einer Netzwerksoftware aus, um sich Zutritt zum Computersystem des Angegriffenen zu verschaffen. Die „Zero Day Exploits“ stellen dabei eine methodische Variante dar, die eingesetzt wird, bevor ein Patch als Gegenmaßnahme, zur Behebung der Sicherheitslücke, entworfen und umgesetzt wurde. Die betroffenen Entwickler haben dadurch keine Zeit („null Tage“), um die Software so zu verbessern, dass der „Exploit“ unwirksam wird.

Der Markt für solche Kunststückchen ist lukrativ. Hacker, die Sicherheitslücken gefunden haben, verkaufen die Informationen darüber an den Meistbietenden, oft an den Angegriffenen selbst. Allerlei Unternehmen, vor allem Banken und Versicherungen, engagieren ganz bewusst Hacker oder schreiben Wettbewerbe innerhalb der Szene aus, um Sicherheitslücken im eigenen System aufspüren zu lassen. Auf diese Weise tragen ehrbare Hacker im großen Umfang zur IT-Sicherheit bei.

Doch nun will eben der Bundesnachrichtendienst mitmischen. Mit Milliarden von Euros Steuergeld bewaffnet zieht er los, um Hacker zu engagieren. Diese sollen Sicherheitslücken in allen möglichen Computersystemen aufspüren und die entsprechenden Ergebnisse nun an die staatlichen Schnüffler preisgeben. Gezwungen werden sie dabei natürlich nicht. Honigtöpfe und Waffengewalt werden kaum nötig sein. Auch hier wirkt der Markt. Die Preise werden vom BND mit reichlich Steuergeld nach oben getrieben. Viele Hacker werden dem Geld folgen, privater Nachfrage den Rücken kehren und ihre Dienste nun eben dem Staat und seinem Überwachungsmonstrum anbieten.

Das vorhersehbare Ergebnis: Die IT-Sicherheit wird aufgrund dieser staatlichen Intervention massiv geschwächt. Die betroffenen Firmen und auch Privatpersonen werden, da Hacker nun für den Staat und nicht mehr für sie arbeiten, nicht mehr über ihre Sicherheitslecks informiert. Sie und ihre Kunden werden sehr viel weniger darüber wissen, ob staatlich bedienstete oder andere Gauner nun ihre Daten einsehen können oder nicht. Der Markt ist verzerrt. Die Ware Sicherheit verkümmert. Ein Paradebeispiel dafür, wie staatliche Eingriffe auf Märkten die Qualität der Güter mindern.

Selbst die Sozialstaatsanhänger des Chaos Computer Clubs brechen an dieser Stelle einmal eine Lanze für den Segen des Marktes. Seine Vertreter schreiben: „Die Logik des Mitmischens im Schwachstellen-Schwarzmarkt führt dazu, dass Geheimdienste ein Interesse daran haben müssen, wenn eklatante Sicherheitslücken möglichst lange unentdeckt bleiben, während sie gleichzeitig nicht sicherstellen können, dass die gleiche Sicherheitslücke nicht auch von Kriminellen entdeckt oder parallel an diese verkauft wird. So können dann entsprechende Lücken für lange Zeit unbemerkt ausgenutzt werden." Ihr Fazit: „Der geplante Erwerb und Handel mit Sicherheitslücken durch den BND wäre nicht nur in mehrfacher Hinsicht rechtlich fragwürdig, sondern ist auch eine direkte und vorsätzliche Schädigung der deutschen Wirtschaft."

Aber: Die deutsche Regierung wäre nicht die deutsche Regierung, wenn nicht die US-Regierung auch in diesem Punkt schon einige Schritte weiter wäre. Barack Obama selbst soll der National Security Agency (NSA) bereits im Januar 2014 erlaubt haben, erkannte Sicherheitslücken in angegriffenen Computersystemen nicht zu melden. Und während der diesjährigen Black-Hat-Konferenz in Las Vegas, einer jährlich stattfindenden Versammlung von Regierungsvertretern und IT-Sicherheitsexperten, hielt Dan Geer, als Chief Information Security Officer (CISO) verantwortlich für die Informationssicherheit bei der CIA-Frontagentur In-Q-Tel, eine Rede, in der er seine absurde Vorstellung von Markt und Staat in heiße Luft goss. Er forderte, die US-Regierung solle die IT-Sicherheit im Lande stärken, indem sie den Markt für „Zero Day Exploits" übernehme. Gemäß seiner Argumentation sollten Obamas Schergen dabei wie eine Art „High-Tech-Milliardäre" – erpresstes Steuergeld macht es möglich – auftreten und die, um die Gunst der Hacker konkurrierenden, Mitbieter aus der Privatwirtschaft ausstechen. Sicherheit könne eben nur der Staat. So Geer und Konsorten.

Doch nichts könnte weiter entfernt von der Wahrheit sein. So hat zum Beispiel der beliebte Kurznachrichtendienst Whatsapp längst schon ein Update seiner App veröffentlicht, das die Kommunikation nun per Ende-zu-Ende-Verschlüsselung vor neugierigen Schlapphüten schützen kann.

Für diese Erweiterung hatte Whatsapp mit der Firma Open Whisper Systems zusammengearbeitet, die bereits weitgehend sichere Messenger wie Signal, Redphone und TextSecure anbietet. Insbesondere TextSecure soll hohe Sicherheitsstandards erfüllen, da hier Nachrichten auch dann noch verschlüsselt bleiben, wenn es einem Angreifer irgendwann in Zukunft gelänge, den Schlüssel zu knacken. Ferner hat der öffentlich zugängliche Quellcode von TextSecure bereits einigen Überprüfungen engagierter Programmierer standgehalten.

Bei der Ende-zu-Ende-Verschlüsselungstechnologie von Whatsapp werden die zu übertragenden Daten zunächst auf Senderseite verschlüsselt und erst beim Empfänger wieder entschlüsselt. Jede einzelne gesendete Nachricht erhält zudem einen eigenen neuen Schlüssel, der wiederum nur auf den Geräten von Sender und Empfänger gespeichert wird. Dadurch können die Klartextnachrichten an den datenweiterleitenden Zwischenstationen nicht mehr eingesehen werden. Die Zugriffsmöglichkeiten für Datenschnüffler werden deutlich reduziert.

Das viel gescholtene Unternehmen Whatsapp, das im Herbst 2014 für unglaubliche 19 Milliarden US-Dollar von Facebook gekauft wurde, macht mit diesem Schritt deutlich, dass bürgerliche Freiheiten weit weniger von staatlichen Einrichtungen abhängen, als viele Kritiker der sozialen Medien glauben möchten. Ganz im Gegenteil.

Staatliche Großprojekte sind bislang an diesem Vorhaben, die Kommunikationssicherheit der Bürger im Internet zu erhöhen – die Absurdität, dass eine staatliche Einrichtung die Bürger vor Überwachung schützen will, die hauptsächlich von einer anderen staatlichen Einrichtung betrieben wird, lassen wir einmal außen vor –, nur kläglich gescheitert. Mit großem Tam-Tam wurde der Öffentlichkeit im Jahr 2009 der „Entwurf eines Gesetzes zur Regelung von De-Mail-Diensten und zur Änderung weiterer Vorschriften – De-Mail-Gesetz“ präsentiert. Zwei Jahre und viele lange Debatten später wurde das „Gesetz zur Regelung von De-Mail-Diensten und zur Änderung weiterer Vorschriften“ verabschiedet. Es trat am 3. Mai 2011 in Kraft und sollte von nun an den staatlich legitimierten zentralen Super-Standard in Sachen sicherer E-Mail-Kommunikation darstellen. Diverse Internetdienstleister lechzten bereits nach der obrigkeitlichen Segnung. Aber nichts da.

Der Chaos Computer Club nahm die aus dem politischen Konsens gegossenen Befehlszeilen unter die Lupe und kam zu traurigen Ergebnissen: In der „De-Mail-Spezifikation werden die Server zu attraktiven Angriffszielen. Wenn nun die Kommunikation der gesamten Verwaltung des Bundes über diese wenigen Server abgewickelt werden soll – obendrein mit einer Verschlüsselung, die ihren Namen nicht verdient –, ist der Daten-GAU vorprogrammiert“, urteilten die Fachleute des Clubs. Ihre Kritik ergoss sich vor allem über die fehlende Ende-zu-Ende-Verschlüsselung. Insgesamt sei De-Mail schlicht und einfach ein untauglicher Versuch, den Bürgern Sicherheit vorzugaukeln.

Staatliche Einrichtungen hatten eben genau das nicht geschafft, was seit Anfang der 1990er Jahre schon, als die Verschlüsselungstechnik Pretty Good Privacy (PGP) zum ersten Mal angeboten wurde, Individuen, IT-Enthusiasten und kleine private, auf freiwilliger Basis geformte Gemeinschaften, Programmierer-Teams und Verschlüsselungseliten, auf den Markt werfen. Die neuesten Derivate wie TextSecure, Redphone, aber eben auch Whatsapp, deren Entwickler ohne Steuergeld und politische Willensbildung auskommen, sind nur die aktuellsten Produkte dieser kleinen, aber effektiven Industrie.

Der technische Fortschritt wird aber auch hier nicht zu seinem Ende gekommen sein. Es sei denn, die Politik sieht ihre

Felle davonschwimmen und damit einen Grund, ihrer Interventionsspirale einen weiteren Schubs zu geben.

Wir haben gesehen: Der Staat hat das Gewaltmonopol. Real und virtuell. Im Analogen wie im Digitalen. Dies äußert sich nicht nur in dem Umstand der 24/7-Überwachung eines jeden Einzelnen. Alle Sicherheitsaspekte sind in Staatshand. Facebook ist nur eines der mitmischenden Unternehmen. Überwachung ist nur ein Teil der Maschinerie. Es geht um mehr. Es geht um die vollständige Kontrolle des Menschen im Netz.

Spätestens seit Snowdens NSA-Leaks ist belegt, dass staatliche Behörden und Geheimdienste gezielt kritische Internetforen und Blogs unterwandern – jedoch nicht nur der reinen Beobachtung wegen. Beamte greifen anonym und gezielt in Diskussionen ein und versuchen dabei, staatskritische Themen zu zerstreuen und der Lächerlichkeit preiszugeben. Und die Palette der Diskreditierungsmaßnahmen reicht weit. Koordiniert in den British Government Communications Headquarters (GCHQ) werden Überlastungsattacken gegen ausgesuchte Server unternommen, erpresserische Sex-Fallen ausgelegt, störende Telefonanrufe und SMS-Bombardements durchgeführt. Freunden und Kollegen der Opfer werden kompromittierende Inhalte vorgelegt. Gezielt werden Viren und Trojaner auf Privat- und Firmenrechner geladen und gefälschte Inhalte plaziert. In einer von Snowden enthüllten Powerpoint-Präsentation freuen sich die Autoren, dass auf diese Weise „Paranoia auf ein ganz neues Level" gehoben werden könne. Jeder Kritiker staatstragender Ideologie kann auf diese Weise zu ihrem Opfer werden. Allein die nur Foren- und Blog-infiltrierenden „Trolle" aus Brüssel werden mit jährlich drei Millionen Euro aus der Steuerkasse finanziert. Geld, das dank der kommenden „Brüder" von „Eugene Goostman" größtenteils eingespart werden könnte.

Es ist also Zeit, auszuwandern. Raus aus dem Netz der NSA. Raus aus dem Westen. Raus aus der NATO. Oder etwa doch nicht?

Die Pseudoalternativen

Um dies beurteilen zu können, wollen wir zunächst noch einmal auf den Fall Edward Snowden zurückkommen.

Der erste Artikel, den Glenn Greenwald zum NSA-Leak verfasst, erscheint am 9. Juni 2013. Kurz nach der Publikation taucht Edward Snowden unter, versteckt sich bei Freunden in Hongkong. Bereits zwei Tage später, am 11. Juni, bietet ihm Wladimir Putin politisches Asyl in Russland an. Weitere zwei Tage später, am 13. Juni, eröffnet die US-Staatsanwaltschaft den Strafprozess wegen Spionage. Das Ausland wird davor gewarnt, Snowden aufzunehmen. Doch erst eine Woche später, am 20. Juni 2013, wird ein Auslieferungsersuchen erlassen. Hongkong hatte sich schon am 16. Juni zu einer Auslieferung bereit erklärt. Am 21. Juni wird Snowdens Reisepass für ungültig erklärt. Zudem erhalten die Behörden in Hongkong einen Haftbefehl. Und dennoch gelingt es Snowden, am 23. Juni nach Moskau zu fliegen. Einem von der ecuadorianischen Botschaft in London ausgestellten Geleitbrief und dem von Wikileaks-Gründer Julian Assange finanzierten Flugticket sei Dank.

Später in Moskau nannte Wladimir Putin den Whistleblower einen „strani parjen“ – einen seltsamen Kerl. Doch Snowden war für den russischen Präsidenten vor allem ein Geschenk. Es war die perfekte Gelegenheit, die Doppelmoral Washingtons zu verdeutlichen und für einen kleinen Moment das Gefühl der Ebenbürtigkeit zu genießen.

Snowden war ein Festmahl für Moskau. Es schien, als hätten sie mit ihm eine ideale Werbefigur gefunden. Im Westen spekulierten einige Journalisten, allen voran der Brite Edward Lucas vom „Independent“, bereits, Snowden sei von Anfang an als Spion des FSB eingesetzt worden, um dem Weltpolizisten USA einen herben Imageschaden zu bescheren. Recht intensiv wurde auch über diese Theorie debattiert. Der wirre berufliche Lebenslauf Snowdens sowie seine Vorgehensweise beim Datenklau, auf der Flucht und auch bezüglich der Kontaktaufnahme zu Glenn Greenwald und Laura Poitras gaben dazu einige fruchtbare Anlässe. Zudem gilt Snowdens Rechtsbeistand Anatoli Kutscherena als Freund höchster Regierungskreise in Moskau und gründete vor einigen Jahren das Institut für Demokratie und Kooperation, eine kremlfreundliche Expertenkommission, die sich offen gegen die vermeintliche Propaganda des Westens für Menschenrechte stellt.

Boris Karpitschkow, ein ehemaliger Major des KGB, berichtete im Juni 2014 gegenüber dem britischen „Mirror", Edward Snowden sei bereits im Jahr 2007, sechs Jahre vor den NSA-Leaks, von Agenten des russischen Auslandsgeheimdienstes SWR beobachtet und gar als „reif zum Überlaufen" betrachtet worden. Zur tatsächlichen Kontaktaufnahme sei es aber erst im Juni 2013 gekommen, als SWR-Agenten Snowdens Asyl auf den Weg brachten.

Auch wenn man nicht so weit gehen will wie Edward Lucas und Co, kann man Moskau unterstellen, den Whistleblower zumindest unter Kontrolle haben oder einen exklusiven Zugang zu seinen Dokumenten erhalten zu wollen. Vieles ist möglich in der Welt der Geostrategie und Geheimdienste. Und wo er da letzten Endes hineingeraten würde, ist dem Ron-Paul-Unterstützer Edward Snowden anfangs wahrscheinlich gar nicht bewusst gewesen.

Kann man ihm glauben, wenn er sagt, er habe keine Kopien der mittlerweile 1,7 Millionen NSA-Dokumente an die russische Regierung weitergegeben? Sollte er sie bei seiner Flucht bei sich gehabt haben, wird ihn Moskau wohl kaum ohne Übergabe gehen lassen.

Das Bild von ihm und seiner Geschichte wurde im September 2015 etwas klarer. Vom Verdacht, zumindest Sympathien für seine russischen Gastgeber zu hegen, schwamm er sich etwas frei. Weiterhin in Moskau unter strengen „Schutz" gestellt, kritisierte er per Videoschaltung bei einer Preisverleihung in Norwegen – Edward Snowden erhielt den Bjørnson-Preis für Meinungsfreiheit – die Internetkontrolle durch die russischen Behörden.

So versuche die russische Regierung, „immer mehr das Internet zu kontrollieren, immer mehr die Gedanken der Menschen zu kontrollieren“. Dies sei „ein politischer Fehler“ und „grundsätzlich falsch“. Die Überwachung sei „frustrierend und enttäuschend“.

Edward Snowden ist enttäuscht? Hatte er den KGB-Erben etwa einen lascheren Umgang mit Staatskritikern unterstellt als den Geheimdienstlern im Westen? Es wäre naiv.

Bereits im Juni 1998 hatte nämlich Anatoli Lewentschuk, Informatiker und Gründer der freisinnigen russischen Internetplattform Libertarium, offizielle Dokumente über das russische Überwachungssystem SORM („System for Operative Investigative Activities“) ins Netz gestellt. Zudem veröffentlichte er einen Fragenkatalog und Tipps für Netzanbieter. Hinweise gab er für den höchst wahrscheinlichen Fall, dass Agenten des FSB in den Rechenzentren der Unternehmen auftauchen werden, um die SORM-Hardware zu installieren.

Das SORM-System hatte damals schon einige Jahre auf dem Buckel. Mit SORM-1 hörte der KGB bereits die Telefonate der Sowjetbürger ab. Mit SORM-2 erweiterte dann der FSB im Jahr 1998 seine Schnüffelaktivitäten auf den E-Mail-Verkehr und später auf internetbasierte Telefonate, wie Skype und andere Angebote. Das journalistische Branchenurgestein „Computerworld“ berichtete am 10. August 1998 ausführlich über die Gesetzesinitiative zum Ausbau von SORM – auch mit Hinweis auf Lewentschuk.

All dies kann man wissen. Die Informationen sind frei zugänglich. Und man sollte es gerade dann wissen, wenn man, wie Edward Snowden es von sich behauptet, „im Internet“ wohnt und sich gleichzeitig von den Untergebenen des Kreml „beschützen“ lässt.

In der Theorie scheint das russische SORM sogar effektiver zu arbeiten als das von Edward Snowden ans Licht gebrachte US-amerikanische Pendant PRISM. Denn russische Datenschnüffler können direkt mit der eigenen Hardware kommunizieren, die jeder russische Provider in seinen Servern installieren muss. Demgegenüber sind westliche Dienste zumindest offiziell auf die Zuarbeit der Netzanbieter als Mittelsmänner angewiesen, wie der oben erwähnte Fall des Richterbeschlusses gegen Facebook verdeutlicht.

Alle Provider auf russischem Staatsgebiet sind seit dem Jahr 2000 dazu verpflichtet, ihre Server mit zusätzlichen Geräten aus dem Hause FSB auszustatten, die alle Daten bezüglich Finanztransaktionen, Surfverhalten und E-Mail-Verkehr direkt und ungefiltert an die zuständigen SORM-Mitarbeiter weiterleiten. Die Daten verbleiben allerdings nicht in der Geheimdienstzentrale, sondern werden von dort auch an die russische Steuerbehörde, an das Innenministerium, an Polizeibehörden und an den Staatsschutz geliefert. Eine Überwachung der Überwacher findet lediglich intern statt, wie der Journalist Andrei Soldatow im Juni 2013 gegenüber „Moscow News“ kundtat: „Niemand im FSB wird von außen dazu angehalten, die richterliche Verfügung einer Überwachungsmaßnahme vorzulegen. Daher können wir gar nicht wissen, ob im Zweifelsfall überhaupt eine solche vorliegt.“

SORM-3 wird im September 2016 aktiv. Dann werden alle Firmen, die ihre Dienste im Internet anbieten, dazu verpflichtet, personenbezogene Daten ihrer Nutzer auf Servern an russischen Standorten zu speichern – unter Fachleuten flapsig „Russland-Routing“ genannt. Im Rahmen der Anti-Terror-Gesetzgebung soll es russische Sicherheitsbehörden dazu ermächtigen, auf bislang nicht erreichbare Daten potentieller Staatsfeinde, also auf die Daten aller Bürger, Zugriff auszuüben. Weigern sich Firmen, dieses Gesetz einzuhalten, können ihre Angebote im Internet blockiert werden – nach einem entsprechenden richterlichen Beschluss. Die Einhaltung des Gesetzes wird Roskomnadsor, „der föderale Dienst für die Aufsicht im Bereich der Kommunikation, Informationstechnologie und Massenkommunikation“, übernehmen. Die Behörde wurde im Jahr 2008 gegründet und machte zuletzt im März 2013 auf sich aufmerksam, als sie Inhalte in diversen sozialen Netzwerken löschen ließ – angeblich, um den russischen Nachwuchs vor Pornographie und Drogen zu schützen.

Im Zuge des Starts von SORM-3 werden zudem alle russischen Unternehmen, E-Mail-Anbieter, sozialen Netzwerke und Suchmaschinen dazu verpflichtet, physikalische Server auf russischem Staatsgebiet zu betreiben. Andernfalls droht die Abschaltung ihrer Angebote. Internetadressen, die die Nutzer ab Herbst 2016 noch auf Servern im Ausland führen, sollen auf eine schwarze Liste gesetzt werden.

Hüben wie drüben sitzen Technologiekonzerne im Boot der Staatsschnüffler. Für das russische SORM produzieren zum Beispiel das US-amerikanische Unternehmen Cisco und Huawei aus dem chinesischen Shenzhen die notwendige Hardware. Discovery Telecom Technologies (DTT) aus Moskau liefert, als reguläre Handymasten getarnte, Systeme zwecks Ausspähung und Speicherung von Mobilfunkdaten an den FSB. Gegenüber „Moscow News“ sagte DTT-Unternehmenssprecher Michail Krasnowski: „Wir verkaufen diese Systeme an niemanden außer an Regierungen. Ich denke, es gibt auch keinerlei private Interessenten, die für eine solche Technik 500.000 bis eine Million Dollar zahlen würden.“ Im Gegenzug zählt das russische Unternehmen Speech Technology Center, weltweit führend in puncto Verarbeitung biometrischer Daten, Stimm- und Gesichtserkennung, auch westliche Geheimdienste zu seinen Stammkunden.

Auch in Russland sind erste Opfer der staatlichen Gesinnungshüter zu entdecken. So „stolperte“ der regierungskritische Blogger Alexei Nawalny über die FSB-Aufnahmen seiner Telefongespräche. Offiziell wurde ihm Veruntreuung von Staatsgeldern vorgeworfen. Eine Lagerhaftstrafe wurde im Oktober 2013 zur Bewährung ausgesetzt.

Aufzeichnungen von Telefongesprächen der regierungskritischen Duma-Politiker Boris Nemzow und Gennadi Gudkow wurden auf fragwürdigem Wege im Internet veröffentlicht. Ob der FSB dahintersteckt, kann nicht mit Sicherheit beantwortet werden.

Im April 2014 tauchte Pawel Durow, Gründer des russischen Facebook-Klons Vkontakte und Autor eines libertären

Manifestes, unter. Er behauptete, Genossen von Präsident Wladimir Putin hätten seine Internetseite übernommen, nachdem er sich geweigert hatte, einzelne Nachrichten von Nutzern zu löschen. Gegenüber dem Technologie-Magazin „TechCrunch" stellte er fest: „Russland ist zur Zeit inkompatibel mit der Internetwirtschaft."

Und wie der Westen hat auch die russische Regierung die anonyme Nutzung von offenen WLAN-Netzen im August 2014 abgeschafft. Die Betreiber der Netze sind seitdem dazu verpflichtet, von ihren Nutzern die MAC-Identifikationsnummern der verwendeten Hardware sowie Name und Ausweisnummer zu protokollieren und diese Daten für mindestens sechs Monate aufzubewahren. Zudem müssen die WLAN-Betreiber eine Genehmigung der Regierung einholen, die sie als „persönlicher Datenverarbeiter" ausweisen wird.

Die russische Tageszeitung „Iswestija" schrieb anlässlich des Gesetzes ernüchtert: „Russen werden künftig in Cafés, in der Metro und anderen öffentlichen Orten nicht mehr anonym ins Internet gehen können. Die Dienstanbieter müssen die Surfer und die von ihnen genutzte Technik identifizieren. Diese Forderungen schreibt eine Regierungsanordnung vor, die Premier Medwedew unterschrieben hat."

Und Wadim Dengin, Vorsitzender des Netzpolitikausschusses in der Duma, begründete den Gesetzesvorstoß mit dem schwelenden Ost-West-Konflikt: „Wir sprechen über Sicherheit. Es läuft ein Informationskrieg. Eine anonyme Verbindung ins Internet ermöglicht die Teilnahme an illegalen Aktionen. Den Ermittlungsbehörden wird es dadurch erschwert, den Straftäter ausfindig zu machen. Die Amerikaner haben Angst vor Krieg. Leichter ist es in ihren Augen, einen Krieg in den Informationskanälen zu entfachen. Sie haben zum Beispiel ihren Auslandssender Voice of America hochgepäppelt. Diese destabilisierenden Kräfte versuchen das Internet mit Ganoven, Faschisten und Extremisten zu füllen. Jeder, der sich mit dem Internet verbindet, muss sich deshalb identifizieren."

Dies gilt erst recht für russische Blogger. Seit dem 1. August 2014 müssen diese sich bei Roskomnadsor registrieren lassen. Die E-Mail-Adresse, den kompletten Nachnamen sowie den ersten Buchstaben des Vornamens müssen sie veröffentlichen. Nach der Registrierung ist es ihnen unter Androhung von Geldstrafen verboten, andere Personen oder Gruppen „in Misskredit zu bringen". Was dies genau bedeutet, weiß anscheinend allein Roskomnadsor. Darüber hinaus werden Seiten-, Foren- und Blog-Betreiber für Kommentare auf ihren Seiten verantwortlich gemacht und zum Löschen kritischer Äußerungen verpflichtet. Sie werden für Informationen beweispflichtig gemacht und verpflichtet, keine Schimpfwörter zu benutzen.

Der Pseudoschutz

Vor Überwachung in Ost und West könne man sich schützen, behaupten die Nerds und Geeks landauf, landab. Otto Normaluser sei schlicht nur zu faul. Abhilfe stehe bereit. Überall und jederzeit. Man müsse sie nur wollen. Doch ist dem wirklich so?

3,9 Millionen Rubel, umgerechnet circa 83.000 Euro, hatte das russische Innenministerium im August 2014 als Preisgeld für eine Technik zur Enttarnung der Nutzer des Internet-Anonymisierungsdienstes TOR („The Onion Router") ausgelobt. Laut Meldung der regierungskritischen „Moscow Times" war die Nutzung des Dienstes nach Verabschiedung der letzten Gesetze zur Internetüberwachung sprunghaft angestiegen. Zur Zeit sollen mehr als 200.000 russische Bürger auf die Open-Source-Technik vertrauen.

Schon seit geraumer Zeit wird über die wirkliche Sicherheit im TOR-Netzwerk debattiert. So ist bekannt, dass Überwacher, die in großem Maßstab den Datenverkehr von Nutzern überwachen oder eigene Knotenpunkte im TOR-Netzwerk betreiben, in bestimmten Situationen die Identität der Nutzer feststellen können – allerdings nur unter massivem Einsatz von technischen und damit auch finanziellen Ressourcen. So wie sie nicht nur den russischen Diensten, sondern auch der US-amerikanischen NSA zur Verfügung stehen.

Den großen Internetdiensten ist längst bekannt, dass es staatliche Stellen vor allem auf diejenigen Nutzer abgesehen haben, die sich verstärkt mit den Themen IT-Sicherheit, Verschlüsselung, Zensurumgehung und Anonymisierung beschäftigen. Auch und besonders Entwickler und Nutzer des TOR-Netzes sind betroffen. Die Auffassung, Verschlüsselung sei ein adäquates Mittel gegen staatliche Schnüffelei, hält Nicholas Weaver vom International Computer Science Institute vor diesem Hintergrund für vollkommen falsch: „Die Schlapphüte lieben PGP." Schließlich heben sich die Nutzer des im Jahr 1991 erstmals veröffentlichten Verschlüsselungsprogramms deutlich von der Masse ab – ein gefundenes Fresschen für die Schnüffler.

Edward Snowden enthüllte auch Details zur NSA-Spionagesoftware XKeyscore, mit der Sammlungen aller im Internet verfügbaren Daten über und von einer Zielperson in Echtzeit erstellt werden können. Mittels dieser Software überwachte und überwacht die NSA auch diejenigen Nutzer ganz gezielt, die sich für eine Anonymisierung durch das TOR-Netzwerk entschieden hatten.

Die NSA soll dabei gar jeden Zugriff auf die TOR-Server-Listen registrieren und protokollieren. Denn all jene, die sich nach anonymem Surfen im Netz sehnen, gelten in den Augen der NSA-Beamten als „Extremisten", wie es gar in einer Kommentarspalte des XKeyscore-Quellcodes notiert wurde. Und während selbst eine nicht anonymisierte Google-Suchanfrage aus Deutschland nach dem Begriff „TOR" protokolliert wird, werden alle diesbezüglichen Aktivitäten aus den NSA-Partnerländern Großbritannien, Australien, Neuseeland und Kanada („Five Eyes") nach offizieller Lesart ausgeklammert. Alle anderen Länder bleiben im Visier.

Doch dabei erscheint die Technik des TOR-Netzwerks und vor allem seine Historie recht zwielichtig. Die Softwareentwicklung wird von der Non-profit-Organisation TOR Project koordiniert. Zu ihren Sponsoren gehörte in der Vergangenheit unter anderem auch die DARPA, die Forschungsabteilung des US-amerikanischen Verteidigungsministeriums. Heute wird die Organisation finanziell unterstützt von dem Forschungsinstitut SRI International, vom US-Außenministerium, von der Ford Foundation und von einer anonymen Nichtregierungsorganisation – über die laut einem TOR-Project-internen E-Mail-Verkehr aufgrund der vertraglichen Regelungen Stillschweigen bewahrt werden soll. Die Einnahmen des Sponsors SRI International wiederum stammen zu 63 Prozent aus dem Budget des US-Verteidigungsministeriums.

War und ist TOR somit nur ein Ablenkungsmanöver, um einige selbsternannte IT-Experten in falscher Sicherheit zu wiegen?

Die gleiche Frage stellt sich, wenn man sich die Historie anderer Open-Source-Projekte anschaut. So ist sich Nils Torvalds, Vater des Linux-Erfinders, heute sicher, dass sein Sohn Linus von der NSA dazu gedrängt worden war, in sein alternatives Betriebssystem Hintertürchen für den Geheimdienst einzubauen. Linus Torvalds selbst bestreitet jegliche Kooperation. Die NSA kooperiert jedoch offiziell mit dem großen Linux-Entwickler Red Hat. Gemeinsam arbeiten sie an SELinux, einer Kernel-Erweiterung, die mittlerweile auch einen festen Bestandteil der Distributionen CentOS, Hardened Gentoo und openSUSE darstellt.

„Nicht-kommerziell“ heißt lange noch nicht „sicher“. So einige Computernutzer sind stolz auf ihre Systeme, die ohne einen einzigen Baustein der großen Softwareproduzenten auskommen. Die Quellcodes ihrer Programme seien offen und frei zugänglich. Wer könnte diese also in böser Absicht manipulieren, ohne dass es jemandem auffallen würde, fragen sie rhetorisch. Doch Hand aufs Herz: Wie viele dieser selbsternannten Nerds haben wirklich genügend Fachwissen, um geheimdienstliche Machenschaften in Quellcodes erkennen zu können? Und wie viele nehmen sich ernsthaft die Zeit, einen offenen Quellcode zu untersuchen?

Die Reaktion

Nicht von ungefähr kam im Juli 2015 das Lob des Präsidenten des Bundesamtes für Verfassungsschutz, Hans-Georg Maaßen, in Richtung Edward Snowden. Nach Ende des Kalten Krieges sei das Thema Spionageabwehr lange Zeit als überflüssig belächelt worden, dies habe sich inzwischen geändert: „Vielleicht kann man von daher auch Snowden dankbar sein, dass er den Scheinwerfer wieder auf das Thema Spionageabwehr in Deutschland gelegt hat."

Der Spitzel, der die NSA allein mit einem USB-Stick austrickste, dann nach Hongkong, später nach Russland floh, versorgte die Netzskeptiker aus Politik und Wirtschaft mit vielerlei Anreizen, über das Internet grundlegend nachzudenken. Die Überwachungsmethoden der NSA liefern ihnen dabei angenehmste Begleitmusik. Dem Stakkato nicht endenwollender Enthüllungen kann sich kein Politiker entziehen. Die NSA muss weg. Zumindest muss sie umschifft werden. Die Wähler wollen es so. Doch was kommt danach?

„Internet Governance", die Herrschaft des Staates über das Internet, gehört zu den wichtigsten politischen Schlagworten des anbrechenden 21. Jahrhunderts. In Ost wie in West. Ziel: Das wichtigste zivile Widerstandswerkzeug unter staatliche, möglichst unter überstaatliche, Kontrolle zu zwingen.

Doch wie steht es in diesem Zusammenhang mit den Auswirkungen des NSA-Leaks von Edward Snowden? Man könnte doch meinen, ein internationaler Sturm der Entrüstung wäre seit Juni 2013 über den Planeten gefegt und hätte die staatlichen Überwachungsmonstren aus dem Netz katapultiert – so wie es sich eben für gesunde Demokratien gehört. Aber Pustekuchen. Medial wurde und wird immer noch viel Wind erzeugt. Die Politik aber geht ihren eigenen Weg. Und dieser führt in eine gänzlich andere Richtung, als ihn sich die aufgebrachten Bürger erträumt haben.

In den 1990er Jahren äußerte sich US-Präsident Bill Clinton vor dem Hintergrund seiner Reformen zur Liberalisierung des Internets noch spöttisch, wurde er auf die Kontrollmöglichkeiten eines Regierungsapparats angesprochen. Versuche eine Regierung solcherlei, könne sie auch gleich probieren, „einen Wackelpudding an die Wand zu nageln".

Das Internet sei ein „politisches, ideologisches und kulturelles Schlachtfeld", sagte elf Jahre später Chinas damaliger Präsident Jiang Zemin. 2015 propagiert nun Lu Wei, als Direktor der Zentralen Führungsgruppe für Internetsicherheit Chinas Cyber-Zensor Nummer eins und damit Hirte von aktuell circa einer Million Netzüberwachern, ein Konzept der „Nationalen Souveränität im Internet". Das Netz ist längst Beute der Regierungsgangs. Und nicht nur westliche Machthaber und ihre Büttel aus NSA, BND und GCHQ haben zugeschlagen.

Beginnen wir im Osten: In einem Strategiepapier für die UN-Vollversammlung, die im September 2015 zahlreiche Perlen des politischen Größenwahnsinns bereithielt, stellte die chinesische Regierung unter anderem Leitlinien für das Internet der Zukunft vor. In dem Papier heißt es, die Machthaber wollten sich zukünftig für eine gerechte Weltordnung einsetzen, um eine weltweite Schicksalsgemeinschaft aufzubauen. Ein wichtiges Werkzeug dieser Schicksalsgemeinschaft sei auch das Internet und müsse dementsprechend unter zentralistische Kontrolle der Vereinten Nationen gestellt werden.

Parallel dazu statteten Zensor Lu Wei und Präsident Xi Jinping US-Präsident Obama einen Besuch ab, bei dem vor allem auch Cyber-Angriffe aus China zur Debatte standen. Auf der abschließenden Pressekonferenz hielt Obama fest, man wolle ab sofort stärker zusammenarbeiten, um international geltende Regeln für ein adäquates Verhalten im Cyberspace auszuarbeiten und durchzusetzen. Und Xi Jinping setzte nach: „Die Regeln im Internet sind nicht sonderlich gut ausgebildet. Es wird sehr wichtig sein für die USA und China, mit den anderen Nationen, den UN und weiteren Organisationen auf privatem Sektor zusammenzuarbeiten und eine klare und durchsetzungsfähige

Architektur zu erschaffen, um das Verhalten im Internet steuern zu können."

Einen ersten Schritt auf diesem Weg nahmen die Weltenlenker bereits im November 2014, als Zensor Lu Wei die erste Internet-Weltkonferenz im ostchinesischen Wuzhen ausrichten ließ. Präsident Xi Jinping grüßte damals mit den Worten: „China ist bereit, ein internationales Internet-Verwaltungssystem zu errichten."

Schritt zwei folgte wenige Tage nach der UN-Vollversammlung am 29. September 2015, als sich die Netzregulierer aus Ost und West ein Stelldichein in Peking gaben. Prominenteste Sprecher auf der Internationalen Sicherheitskonferenz waren der Ex-NSA-Direktor Keith Alexander („Wir töten auf Grundlage von Metadaten") und Hao Yeli, stellvertretende Direktorin des chinesischen Instituts für Innovation und Entwicklung. Letztere warnte ausdrücklich davor, Regierungen die Fähigkeit zu entziehen, die öffentliche Meinung zu kontrollieren. Ein Ende der Überwachung bedeute einen Ausbruch von „Blut und Hass" im Internet. Staat bewahre!

Wir wenden den Blick nach Deutschland: Den Spott hatte sie auf ihrer Seite. Nachdem Angela Merkel das Internet während des Evangelischen Kirchentages im Juni 2015 mit einer Waschmaschine verglichen hatte, wurde dieser kleine vermeintliche Lapsus aus der Schublade „Neuland" in den Hauptstrommedien genüsslich ausgebreitet. Es schien in technischer Hinsicht die einzige wirklich erwähnenswerte Nachricht von dieser Konferenz zu sein, die unter der Losung gestanden hatte: „Damit wir klug werden". In den Weiten der digitalen News-Kanäle musste man tief graben, um zu erfahren, dass die Bundeskanzlerin unter anderem an einer recht aufschlussreichen Podiumsdiskussion mit der Medienforscherin Petra Grimm teilgenommen hatte. Und viel mehr noch als die Kanzlerin hätte die seit mehr als 30 Jahren an staatlichen Hochschulen sozialisierte Frau Grimm im Fokus der anschließenden Berichterstattung stehen müssen. Denn aus ihrem Munde war Beachtliches zu hören.

Selbst Angela Merkel schien von der Grimmschen Großmannssucht mehr als beeindruckt zu sein, als die Leiterin des Instituts für Digitale Ethik (IDE) die Errichtung eines „gebührenfinanzierten öffentlich-rechtlichen", also staatlichen, Facebook forderte. „Webook" solle es heißen. Das Wir im Netz. „Das würde uns garantieren, dass wir all das machen können, was wir heute schon machen. Aber es würde auch sicherstellen, dass niemand in den USA diese Daten an irgendjemanden weitergibt, der mich dann möglicherweise daran hindern wird, einen guten Job zu bekommen, eine gute Prämie bei der Krankenversicherung, einen guten Kredit oder ähnliches." Dass das Internet weitgehend ohne staatliche Initiative entstand, heute auch zu größten Teilen privat betrieben wird, passt nicht so ganz in ihr in staatlichen Bildungsanstalten geformtes Weltbild hinein: „Uns fehlt da der öffentlich-rechtliche Gedanke."

Es mag an der kaum unterschwelligen Kritik Frau Grimms an den US-amerikanischen Geheimdiensten gelegen haben, dass nun Angela Merkel statt der vom ZDF abgestellten Moderatorin kritisch nachfragte: „Aber es soll doch nicht so wie beim Fernsehen sein, dass man da so eine Art Zwangsmitgliedschaft hat, oder? Das würde man heute schwer rechtlich rechtfertigen können." Natürlich ruderte Petra Grimm etwas zurück, beteuerte, „Webook" solle nur ein Angebot darstellen, und natürlich ist auch der Kanzlerin zugutezuhalten, dass sie dem sozialen Netzwerk aus staatlicher Hand fürs erste eine kleine Abfuhr erteilte, aber dennoch zeigt diese Impression vom Evangelischen Kirchentag 2015, wohin die Reise gehen wird.

Angela Merkel beriet sich bereits am 19. Februar 2014 mit dem französischen Staatspräsidenten François Hollande über ein „europäisches Datenschutz-Netzwerk". Ziel ist es, die Reichweite des Internets für europäische Nutzer deutlich zu beschneiden. Merkel sagte damals: „Wir werden vor allen Dingen auch darüber sprechen, welche europäischen Anbieter wir haben, die Sicherheit für die Bürgerinnen und Bürger bieten: dass man nicht erst mit seinen E-Mails und anderem über den Atlantik muss, sondern auch innerhalb Europas Kommunikationsnetzwerke aufbauen kann.“ Und die Deutsche Telekom initiierte bereits im November 2013 erste Planungen zu einem solchen Unterfangen. In dem vom rosafarbenen Riesen angepeilten Netz sollen Daten aus Deutschland die europäischen Schengen-Grenzen nicht verlassen können. Zuvor liefen auch entsprechende Beratungen mit dem französischen Telekommunikationsanbieter Orange. Unter Wissenschaftlern herrscht keine Einigkeit über die Sinnhaftigkeit eines solchen „Schengen-Routings“. Während sich Sandro Gaycken von der Technischen Universität Berlin im NSA-Untersuchungsausschuss des Bundestags für die neue Technik aussprach, kann Hartmut Pohl, Professor für Informationssicherheit an der Hochschule Bonn-Rhein-Sieg, einer solchen Regulierung nichts abgewinnen. Wenig Mühe bereite es den britischen und US-amerikanischen Geheimdiensten schließlich, die großen Internetknoten, wie zum Beispiel DE-CIX in Frankfurt am Main, abzuschnorcheln, so Pohl. Auch hält er den Bundesnachrichtendienst für ebenso wenig unfähig wie unwillig, in Deutschland gesammelte Daten großzügig an die NSA weiterzugeben.

Im März 2014 stieß Maut-Minister Alexander Dobrindt in das gleiche Horn und forderte das „schnellste und intelligenteste Netz der Welt“ für die Bundesrepublik.

Und auch Brüssel hat seine Patschehändchen im Spiel. Neelie Kroes, ominöse „EU-Kommissarin für die Digitale Agenda“, will im Rahmen des Projekts European Cloud Partnership (ECP) „neue Qualitätsstandards für die Datensicherheit“ entwickeln lassen.

In Italien wird ebenfalls eifrig über „Regeln für das Internet“ debattiert. Das Parlament konnte schon nicht mehr an sich halten und verabschiedete eine Erklärung der Rechte im Internet, die „Dichiarazione dei diritti in Internet“. Das Papier beginnt in gewohnt säuselnder Manier und verspricht, den Zugang zu einem freien Internet für jeden Bürger zu gewährleisten. Doch wer den römischen Rechtekatalog ein wenig weiter liest, merkt recht schnell, wohin die Reise geht. Das Internet benötige Regeln, um die postulierte Freiheit überhaupt garantieren zu können, schreiben die römischen Parlamentarier. Doch auch Italiens Bürger sind längst zur Normalität zurückgekehrt. Kaum etwas scheint weniger interessant zu sein. Vor dem Beschluss des italienischen Parlaments hatten die Bürger neun Monate Zeit, das Dokument zu lesen und zu kritisieren. Ganze 590 Kommentare, den ganz überwiegenden Teil davon aus den Büros von Sicherheitsunternehmen, Juristen und anderen Profis, zählten die Beamten schließlich unter dem Dokument.

Am langen Ende der bürgerlichen Ignoranz steht dann die „Internet Governance", das „E-Government". Herrschen durch Technik.

Ein Kanal, sie zu knechten

Will man diese Internet Governance durchsetzen, gilt es zunächst und vor allem, die Killer-App des Internets unter Kontrolle zu bekommen: die Chance der User, miteinander unabhängig von Zeit und Raum zu kommunizieren. Unzählige Anbieter und ihre Produkte ermöglichen dies seit vielen Jahren bereits fernab von politischen Einmischungen.

Doch Snowdens NSA-Leaks führen dazu, dass nun vor allem verstärkt zu einem Angriff auf die freie Kommunikation posaunt wird. So stellte am 6. Mai 2015 die EU-Kommission ihre Pläne zur Schaffung eines homogenen Binnenmarktes für digitale Produkte und Dienstleistungen vor. Der Titel: „Single Digital Market". EU-Wettbewerbskommissarin Margrethe Vestager und ihre Kollegen fürchteten offenbar um den Marktanteil europäischer IT-Unternehmen, der aufgrund des rasanten Wachstums von Google, Facebook, Whatsapp und Co von Monat zu Monat schrumpft. Es gehe schließlich um 33 Millionen Arbeitsplätze zwischen Lissabon und Tallinn, so die Planer in Brüssel.

Ihr Strategiepapier schenkte dem Leser zunächst ein wenig Hoffnung auf Regulierungs- und Bürokratieabbau in der Zukunft: „Das Ziel der Kommission ist es, einen digitalen Binnenmarkt zu schaffen, in dem der freie Verkehr von Waren, Personen, Dienstleistungen und Kapital sichergestellt wird und in dem Bürger sowie Unternehmen, unter den Bedingungen des fairen Wettbewerbs, unabhängig von ihrer Nationalität und ihrem Standort, nahtlos Online-Aktivitäten nachgehen können. Zweitens soll der digitale Binnenmarkt die weltweit führende Stellung Europas im Bereich der Informations- und Kommunikationstechnologie wiederherstellen, mit allen Mitteln und Fertigkeiten, die gebraucht werden, um in der globalen digitalen Wirtschaft erfolgreich zu sein."

Europas schwerfällige IT-Tanker jedoch witterten Morgenluft und Chancen, der unliebsamen Konkurrenz aus Übersee

Knüppel zwischen die Beine zu werfen. Gegenüber dem Online-Magazin Golem stellte Philipp Blank, Pressesprecher der Telekom, fest: „Wir setzen uns seit längerer Zeit offen, klar und deutlich für einheitliche und faire Spielregeln ein. Während die Telekommunikationsunternehmen umfassend reguliert werden, können die sogenannten Over-the-Top-Player frei agieren, obwohl sie die gleichen Dienste anbieten.“

Es stimmt. Obwohl es keinen essentiellen technischen Unterschied zwischen Skypen und Telefonieren oder zwischen einer SMS und einer Whatsapp-Nachricht gibt, erfahren Whatsapp und Skype weniger bürokratische Hürden als die Telekom und ähnliche europäische Dienstleister.

Vor allem geht es der Telekom mittelfristig um die Öffnung von Kommunikationssystemen. Während zum Beispiel die SMS-Technologie allen Anbietern zugänglich ist, sind Skype oder Whatsapp der Konkurrenz verschlossen. Klar und deutlich hatte eine Gruppe von Netzbetreibern die Öffnung der Systeme in einem Schreiben an die EU-Kommission bereits im November 2014 gefordert. Diese müsse die „Transparenz und Offenheit von Kommunikationsplattformen, Betriebssystemen und Suchmaschinen sicherstellen, damit europäische Nutzer über Plattformen hinweg kommunizieren und frei wählen können“.

Was hier die schwerfällige IT-Großindustrie Europas seit geraumer Zeit fordert, bedeutet allerdings nichts anderes als einen erheblichen Eingriff in das Eigentumsrecht ihrer Konkurrenten. Anstatt eine Stärkung auch ihrer Eigentumsrechte, das heißt eine legale Möglichkeit zur individuellen technischen Gestaltung ihrer Kommunikationsangebote, einzufordern, beharrt sie auf gleichem Unrecht gegen alle. Hier wird die Tendenz ersichtlich, das einstmals freie Internet zu einem öffentlichen Gut umzugestalten. Nicht mehr die einzelnen Dienstleister sollen frei sein in der Gestaltung ihrer Angebote, sondern die ehemals freien Kunden, bald nur noch staatlich privilegierte Netznutzer, sollen ein Recht auf regierungsamtlich definierte Digitalleistungen erhalten.

Symptomatisch ist dafür der Fall Facebook. Erst im Februar 2016 wurden die Ermittlungen gegen drei Facebook-Manager in Deutschland von der Hamburger Staatsanwaltschaft eingestellt. Geprüft hatte diese eine Strafanzeige wegen der vorsätzlichen Beihilfe zur Volksverhetzung. Die Strafanzeige war im Oktober von einem Würzburger Anwalt gestellt worden. Er argumentierte, dass ohne die Werbeeinnahmen, die die Facebook-Firma in Hamburg erzeuge, das Portal nicht betrieben werden könne. Im Fokus seiner Kritik standen von Nutzern veröffentlichte sogenannte „Hassbotschaften", die von Facebook nicht gelöscht worden waren.

Kurz nach Einreichung der Anzeige und massiver Kritik aus der Politik – Bundeskanzlerin Angela Merkel und Bundesjustizminister Heiko Maas nannten die Bemühungen von Facebook gegen Hetze eine „Farce" – hatte Facebook angekündigt, gegen Hasskommentare künftig auch von Deutschland aus aktiv zu werden. Dabei setzt das Netzwerk mittlerweile auf die Bertelsmann-Tochter Arvato, die über 100 Mitarbeiter für diese Aufgabe zur Verfügung stellt. Zudem gründete das Unternehmen die „Initiative für Zivilcourage Online", die der „Hassrede" im Internet entgegenwirken will.

Besonders an diesem Beispiel zeigt sich eins: Die Vielfalt der Angebote, die einstmals erst den Siegeszug des Internets ermöglichte, wird eingedampft auf das demokratisch abgenickte Mindestmaß. Das freie Spiel der Kräfte wird dem Glauben an den Status quo geopfert. Der Konsens besiegt die Innovation. Die „Internet Governance" rückt einen weiteren Schritt näher.

Wenn der Bruder immer klüger wird

Bleiben wir noch für ein paar Zeilen beim Fall „Hetze auf Facebook“. Die sozialen Netzwerke sind aufgrund ihrer Popularität ein Spiegel der Gesellschaft. Doch ist diese unsere Gesellschaft auch wirklich so stark von „Hetzern“, „Spinnern“ und anderen bösen Menschen durchsetzt, wie uns das Spiegelbild weismachen will?

Für die anscheinend stetig steigende Zahl hässlicher Kommentare kann es auch ganz andere Erklärungen geben. Womöglich entspringen diese gar nicht den Synapsen echter Menschen aus Fleisch und Blut.

Längst existieren bereits Roboter, sogenannte „Social Bots“, die Texte vollautomatisch verfassen können. Ihnen gelingt es dabei, auf echte Ereignisse mit echt wirkenden Parolen und Sprüchen zu reagieren, in die Debatten in den sozialen Netzwerken einzugreifen, ohne dabei den Eindruck zu erwecken, eine Maschine zu sein. „Die Anzahl an Bots, die in sozialen Netzwerken aktiv sind, nimmt definitiv zu. Zumal das technisch leicht zu realisieren ist und der Einsatz nicht viel kostet: 10.000 gefälschte Twitter-Accounts gibt es schon für 350 US-Dollar“, sagt Simon Hegelich, Politikwissenschaftler an der Universität Siegen. In dem Projekt Social Media Forensic (SoMeFo) wollen er und einige seiner Kollegen herausfinden, wie solche Roboter-Kommentare identifiziert werden können.

Die Roboter agieren dabei sehr geschickt. „Social Bots verhalten sich wie menschliche Nutzer: Sie bekommen mit, wenn ihr Thema bei Twitter gerade hochkocht, und schreiben Texte, die sich darauf beziehen. Die Software kann mit eigenen Kommentaren auch direkt auf Tweets anderer Nutzer antworten, denen sie folgt. Denn auch dazu sind Bots in der Lage: Sie werden automatisch Follower bestimmter Nutzer“, sagt Hegelich.

Unter anderem das Bundesministerium für Bildung und Forschung lässt den Akademikern Steuergeld zukommen und stuft ihr Projekt als „dringend notwendig“ ein.

Was kann man dem Netz überhaupt noch glauben?

Der britische Mathematiker Alan Turing trug im Zweiten Weltkrieg maßgeblich dazu bei, die deutsche Chiffriermaschine Enigma und damit die geheime Kommunikation der deutschen Wehrmacht zu entschlüsseln. Seine Arbeit im legendären Bletchley Park markierte einen entscheidenden Wendepunkt.

Im Jahr 1950 schlug Alan Turing der Wissenschaftsgemeinde den sogenannten Turing-Test vor, der fortan bestimmend werden sollte auf der Suche nach Künstlicher Intelligenz. Der Test umfasst schriftliche Gespräche, die menschliche Fragensteller per Tastatur und Bildschirm ohne bildlichen und akustischen Kontakt mit zwei unbekannten Partnern parallel führen. Nur einer dieser Gesprächspartner ist jeweils ein Mensch, der andere ein Computer. Beide Gesprächspartner versuchen im Gespräch, die Fragensteller von ihrer menschlichen Natur zu überzeugen. Können mindestens 30 Prozent der Fragensteller den menschlichen Gesprächspartner nach Beendigung der Tests nicht eindeutig identifizieren, gilt der Turing-Test für den Computer als bestanden.

64 Jahre lang konnte keine Rechenmaschine den Test bestehen. Bis zum 7. Juni 2014. An diesem Tag wartete die britische Universität von Reading mit der Meldung auf, dass eine russische Software, ein sogenannter Chatbot mit dem Namen „Eugene Goostman“ zehn von 30 teilnehmenden Fragenstellern eine menschliche Existenz vorgaukeln konnte – eine Quote von 33 Prozent. Das von den Programmierern Wladimir Weselow und Eugene Demchenko entwickelte Programm simulierte in den Test-Gesprächen einen 13-jährigen Jungen aus der ukrainischen Stadt Odessa mit Hang zur Musik von Eminem und zu Meerschweinchen.

Der Erfolg von „Eugene Goostman“ impliziert Wegweisendes. Warwick warnte, eine solcherart fähige Software sei ein „Weckruf für die Cyber-Kriminalität“: „Der Turing-Test ist ein wesentliches Werkzeug, um dieser Bedrohung Herr werden zu können. Es ist wichtig, herauszufinden, wie Online-Kommunikation in Echtzeit den Menschen derart beeinflussen kann, dass er schließlich Unwahrheiten glaubt.“ Eine Frage, die auch zunehmend von staatlichen Stellen gestellt wird. Denn nicht nur freiberufliche Cyber-Kriminelle haben es seit geraumer Zeit darauf abgesehen, falsche Identitäten vorzugaukeln. Auch verbeamteten Gaunern wird die zwar nicht allumfassende, doch auf dem Gebiet der Online-Kommunikation erstaunlich fähige Intelligenz des Chatbots sicherlich von Nutzen sein.

Aber das Netz sowie seine Kontroll- und Beeinflussungsmöglichkeiten beschränken sich nicht mehr nur auf das Digitale. Das „Internet der Dinge“ ist in aller Munde und auch in diesem Zusammenhang ein wichtiges Stichwort.

Seit dem Herbst 2010 forscht das Fraunhofer-Institut für Offene Kommunikationssysteme (FOKUS) an der „City Data Cloud für Berlin“. Die federführende Professorin Dr. Ina Schieferdecker stellte am 15. September 2010 vor den Mitgliedern des Vereins Xinnovations e.V., einem „Netzwerk von IT-Spezialisten, staatlichen und halbstaatlichen Einrichtungen, das sich auf die Entwicklung, Anwendung und Vermarktung netzbasierter Informationstechnologien konzentriert“, unumwunden fest: „Daten und Informationen sind als Rohstoffe beziehungsweise Ressourcen einer Informationsgesellschaft zu verstehen. Auch Anwendungen und Dienste für eine Stadt der Zukunft sind datenintensiv. Bis dato sind Daten aber in der Hoheit einzelner und nicht zugreifbar für andere, so dass integrierte Anwendungen und Dienste nicht realisiert werden können.“ Genau dies zu ändern hat sich ihr Forschungsprojekt seitdem auf die Fahnen geschrieben. Das theoretische Modell der City Data Cloud sieht vor, dass allerlei sensorische Daten (Temperatur, Verkehrsdichte), öffentliche Daten aus den Behörden, kommerzielle Daten, aber auch private Daten der Bürger Berlins in eine öffentlich verwaltete Datenwolke eingespeist werden sollen. Diese Daten sollen staatlichen Stellen dann nicht nur die Müllentsorgung und die Behebung von Straßenschäden erleichtern, sondern auch die

Arbeit der Polizei optimieren. „Im Sinne einer ‚IT ohne Grenzen‘ werden Informationen – als Ressourcen der Informationsgesellschaft – die traditionelle Mentalität von Datensilos verdrängen“, frohlocken die Forscher auf der Internetseite ihres Projekts.

Doch im internationalen Maßstab wirken selbst die Bestrebungen der renommierten Fraunhofer geradezu bieder. Zahlreiche große IT-Hersteller sehen in den sogenannten intelligenten Städten die Zukunft und sind in der Umsetzung weit vorangeschritten. IBM beispielsweise entwickelt seit 2012 eine auf der Datenwolke basierende Software-Plattform. Über die IBM City Cloud sollen zukünftig kommunale Dienste wie Feuerwehr-, Notarzt- und Polizeieinsätze gesteuert sowie der Straßenverkehr gelenkt werden können. Vollautomatisch. US-Städte wie Washington und Los Angeles haben bereits Interesse signalisiert, bald auch ihre Strom- und Wasserversorgung über die Wolke steuern zu lassen. Allein 2014 hat der blaue Softwaregigant 15 neue Rechenzentren für seine Wolke errichtet. Zudem soll die vor kurzem gegründete Geschäftseinheit IBM Watson Group dafür sorgen, dass futuristische Projekte wie die Schaffung von Computern nach dem Modell des menschlichen Gehirns oder die Analyse immer größerer Datenmengen auch die Möglichkeiten der IBM-Wolke erweitern werden.

Von Konkurrent Siemens wird derweil in Singapur ein sogenanntes City-Cockpit betrieben. Eine zentrale Konsole zeigt dort staatlichen Funktionsträgern, wie viele Menschen zum Beispiel an einem bestimmten Tag mit Bus und Bahn zur Arbeit fahren oder wie flüssig der Autoverkehr läuft. In Echtzeit lassen sich Informationen auch über die Strom- und Wasserversorgung, den Status bei Polizei, Feuerwehr und Stadtreinigung abrufen. Siemens betitelt die Konsole als „Kommandozentrale für Bürgermeister und Leitungsgremien von Städten“.

Für den Betrag von 3,2 Milliarden Dollar hat Google das Unternehmen Nest gekauft, um unter dem Schlagwort „Smart Home“ neue Akzente zu setzen. Die Firma des Senkrechtstarters Tony Fadell stellt Thermostate in einer High-Tech-Variante her. Google werden sich damit bald ungeahnte Einblicke in das Leben seiner Nutzer abseits des gewohnten Internets eröffnen. Die „intelligenten Thermostate“ sollen registrieren, wann die Bewohner zu Hause sind, wie viel Wärme sie verbrauchen und in welchen Räumen sie sich aufhalten. Auch sie sollen von den Gewohnheiten der Menschen lernen. Schon jetzt gelten solche Gerätschaften genauso wie die „intelligenten Stromzähler“ als das ganz große Ding in der Öko-Szene. Das Thema Datenschutz bleibt dabei unerwähnt. Wie viele Thermostate Fadell bislang schon verkauft hat? „Mehr, als Sie glauben”, sagt er.

Und Microsoft möchte unter der Marke „CityNext“ Kommunen auf der ganzen Welt helfen, „mit Hilfe von IT sicherer, effizienter, grüner und lebenswerter zu werden“. Als erste deutsche Partnerstadt wurde Hamburg im Sommer 2013 für das Projekt gewonnen. Handlungsbedarf sehen die Macher in puncto „Stadtverwaltung, Öffentliche Sicherheit, Justiz, Gesundheit, Soziales, Bildung, Energie, Wasserversorgung, Stadtplanung, Tourismus, Kultur, Transport und Verkehr“. Überall dort also, wo sich Hamburgs Bürokraten schon lange breitgemacht haben, wird die Datenwolke zukünftig wabern. Denn „um das Potential der Innovation vollkommen auszuschöpfen, wird hierbei auch auf die neue Ära von Technologien und Konzepten gesetzt, wie Cloud Computing, Big Data, mobilen Anwendungen und Social Enterprise“, so Microsoft in einer Pressemitteilung.

Auf diese Weise werden zahlreiche Großstädte derzeit „intelligent“, was nichts anderes bedeutet, als dass staatliche Stellen die notwendigen elektronischen Werkzeuge an die Hand bekommen, um jede nur erdenkliche Information über ihre Bürger zu sammeln, zu speichern und zu nutzen für die allumfassende Steuerung jedes sozialen Bereichs. Die Planwirtschaftler haben das Ziel klar vor Augen. Nie scheint es einfacher gewesen zu sein, Fünfjahrespläne aufzustellen. Nie scheint es einfacher gewesen zu sein, auf heißlaufenden Taschenrechnern und endlosen Datenbergen das Technokraten-Glück zu finden. Die sozialistische Plan-Utopie scheint unaufhaltsam.

Auch in Asien. Nahe der südkoreanischen Millionenstadt Incheon entsteht seit 2003 der Trabant New Songdo City. Bis zum Jahr 2020 sollen hier Wohnflächen von rund 3,2 Millionen Quadratmetern sowie Gewerbeflächen von rund 4,7 Millionen Quadratmetern errichtet worden sein. Ziel der Planer – in dem Projekt kooperieren das koreanische Unternehmen POSCO, der US-amerikanische Bauträger Gale International und die Architektengruppe Kohn Pedersen Fox aus New York mit den Behörden – ist es, „eine neue Stadt aus einem Guss" zu bauen. Ihr Derivat des Orwellianischen Super-Überwachungsstaats baut auf folgende Zutaten: Per Breitbandverbindung werden alle Haushalte und Büros untereinander und gleichzeitig mit einer städtischen Zentrale verbunden. Meteorologische Messinstrumente sorgen für Wetterprognosen und regeln die Bereitstellung von Energie in der gesamten Stadt. In jedem Gebäude gibt es Geräte, die den jeweiligen Energieverbrauch melden und die Menschen dazu auffordern, ihren Verbrauch zu mindern. Straßensensoren leiten Fahrzeuge, berücksichtigen Verkehrsdichte und schalten Ampeln. Cloud Computing macht es möglich.

Während die öffentlich-rechtlichen Datenwolken in den USA und auf dem asiatischen Kontinent also beträchtlich wachsen, hinkt Europa auf dem Weg der Megalopolisierung noch etwas hinterher. Die Europäische Kommission macht schon Druck und fordert beispielsweise in ihrem „eGovernment Action Plan", dass Bürger und Unternehmen in der EU uneingeschränkten Zugang zu digitalen Dienstleistungen erhalten sollen. Dazu zählen aus ihrer Sicht Angebote wie die elektronische Unternehmensgründung, die Beteiligung von Unternehmen an Ausschreibungen öffentlicher Verwaltungen, das Beantragen von Gesundheitsleistungen oder die Einschreibung an Hochschulen. Und auch die deutsche Bundesregierung legt die ersten Köder aus. Unter dem Motto „Vernetzte und transparente Verwaltung" will sie bis zum Jahr 2020 im Bereich E-Government „einen internationalen Spitzenplatz" einnehmen.

Tragische digitale Allmende

Ein gewichtiger Teil dieser E-Government-Agenda firmiert unter der Bezeichnung „Netzneutralität". Auch dank Edward Snowden ist sie seit Monaten weltweit in aller Munde. Sie scheint den Politikern gar das Bestseller-Produkt zu sein, um den Untertanen ihren Griff nach dem Internet schmackhaft zu machen. Doch was steckt hinter den Argumenten der Neutralisierer?

Ein Mensch, der Antworten zu diesen Fragen liefern kann, ist Ben Scott, seines Zeichens ehemaliger Berater von Hillary Clinton. Ihm geht es um Grundsätzliches, um die elementare Frage: Soll das Internet, so wie wir es derzeit kennen, eine kommerzielle Dienstleistung, zusammengesetzt aus den Leistungen vieler verschiedener Anbieter, bleiben oder in ein öffentliches Gut, das die Interessen und Bedürfnisse des großen „Wir" zu erfüllen hat, umgewandelt werden?

Auf der Internetkonferenz Republica sprach Scott im Mai 2013 von einer angeblichen Grunderwartung der Nutzer an das Internet. Daten sollten, so wollte es Ben Scott im Volk rumoren gehört haben, ohne Einmischung von außen übertragen werden. Er zielte damit allerdings nicht auf die Schnüffeleien der staatlichen Geheimdienste ab – Edward Snowden sollte erst ein paar Tage später mit seinen Enthüllungen an die Öffentlichkeit gehen –, sondern auf die Weiterleitungspraxis der Netzanbieter.

Scott warnte insbesondere davor, dass private Anbieter den Zugang zum Netz vermarkten und – Gott stehe uns bei! – damit gar Umsatz generieren. Aus wirtschaftlichen Erwägungen heraus würden sie die Netzkapazitäten gering halten und die wenigen schnellen Anschlüsse an wenige besonders zahlungswillige und -kräftige Kunden veräußern. Diesem kapitalistischen Treiben sollten seine Anhänger ein Konzept nach dem Motto „Gleiches Internet für alle" entgegenhalten. Das Netz als öffentliches Gut, als Eigentum des Kollektivs. Dieses Grundprinzip wollte und will Ben Scott in die Form eines Gesetzes gießen.

Doch dass ein staatlicherseits „neutral“ verwaltetes und rationiertes Gut niemals die Bedürfnisse der Menschen befriedigen kann, haben Kollektive zu jeder Zeit und an jedem Ort der Geschichte unzählige Male unter Beweis gestellt. Eine „neutrale“ Verteilung von Ressourcen, im Falle des Internets von Bandbreite, kann gar nicht existieren. Ressourcen sind immer begrenzt. Jedes Gut und jede Dienstleistung wird stets dem zugeteilt, der die stärkste Nachfrage aufbringt. Produzenten und Dienstleister verkaufen stets dort, wo die Preise aufgrund hoher Nachfrage steigen. Auf diese Weise findet jedes Gut stets den interessiertesten Bieter. Dank dieses Mechanismus wurden die Märkte für alle lebensnotwendigen Güter in den Industrieländern bereits vor vielen Jahren gesättigt. Und auch die digitalen Dienste erreichten in den letzten 20 Jahren immer mehr Menschen. Politische Interessen und Ziele können jedoch niemals „neutral“ sein. Sie folgen stets der Meinung der Mehrheit.

Der Kampf der Marktfeinde für die Netzneutralität hatte mit Ben Scotts Vortrag erst angefangen. Seitdem ist viel diskutiert worden. Snowden grätschte von der Seite und gab dem Internet als mediales Thema noch mehr Bedeutung. Und in den USA wurden bereits Nägel mit Köpfen gemacht und die Netzneutralität gesetzlich festgeschrieben. Am 26. Februar 2015 beschloss die US-amerikanische Federal Communications Commission (FCC), Netzbetreibern zu verbieten, bestimmte Datenpakete priorisiert und damit schneller durch das Netz zu leiten. Angespornt von Barack Obamas Forderungen nach einem „freien und offenen Internet“ für jedermann erklärte die FCC unter Vorsitz des Demokraten Tom Wheeler das Internet damit kurzerhand zu einem „öffentlichen Gut“ und damit zur regierungsamtlichen Chefsache. Seit dem Jahr 1934 reguliert die FCC die Betreiber der Telekommunikationsinfrastruktur, zu der bis zur Gesetzesreform unter Präsident Bill Clinton auch die zum Betrieb der Computernetzwerke verwendeten Kabel gerechnet wurden. Erst eine weitgehende Reform im Jahr 1996 brach diesen Komplex auf und ermöglichte den Internet-Providern, sich auf die Bestimmungen für Betreiber des Kabelfernsehens zu berufen, die einer weitaus weniger strengen Regulierung durch die FCC gegenüberstehen, als sie vor allem gegen die Betreiber von Telefonnetzen angewandt wird.

Indem sie dem Internet ihren Stempel „öffentliches Gut" aufdrückte, beschritt die FCC wieder die alten Regulierungswege. Die Internet-Provider dürfen in den Vereinigten Staaten nun nicht mehr eigenständig entscheiden, was mit ihren Diensten geschieht. Aufgrund eines staatlichen Dekrets müssen alle Daten als gleich viel, das heißt gleich wenig, wert behandelt werden. Kinderpornos müssen also genauso schnell durch das Internet geleitet werden wie die Studienergebnisse der Nuklearforscher am CERN und die Bilder der Rosetta-Mission.

Diejenigen, die Demokratie mit Freiheit und staatliche Dekrete mit Gerechtigkeit verwechseln, freuen sich darüber. Sie denken, das Internet sei damit gerettet, die digitale Zwei-Klassen-Gesellschaft verhindert. Doch im Gegenteil: Die Netzneutralität beschränkt das Internet. Seine Nutzer werden in ihren Möglichkeiten des Austauschs begrenzt. Der von den Befürwortern der Netzneutralität so gern gescholtene Kapitalismus war seit dem Jahr 1996 der Garant für das Wachstum des digitalen Netzes und damit für eine Wohlstandsmehrung bis dato ungeahnten Ausmaßes. Es war gerade der chaotische Markt, der das kreative Spiel der Konkurrenten ermöglichte, neue Chancen sprießen, Potentiale wachsen, aber auch schlechte Ideen scheitern ließ. Das Internet stellt damit den größten Deregulierungserfolg der letzten Jahrzehnte dar.

Die Netzneutralitätsverfechter argumentieren, gerade die letzten Meter zur Anschlussdose der Kunden seien so kapitalintensiv, dass sich kleine Anbieter kaum auf einem unregulierten Markt behaupten könnten und sich zwangsläufig Monopole bilden würden. Sie verkennen dabei allerdings, dass es gerade staatliche Eingriffe und Vorschriften sind, die die Infrastruktur verteuern. So müssen die Netzbetreiber allerlei Bauordnungen und Sicherheitsgesetze einhalten, ganz zu schweigen von den unzähligen Seiten der allgemeinen Arbeitsschutzgesetze und Steuerbestimmungen sowie dem von Jahr zu Jahr umfangreicher werdenden IT-Recht. Genauso wie für Gas, Wasser, Strom müssen zum Beispiel auch für Glasfaserkabel Schächte von etwa einem Meter Tiefe gebuddelt werden.

Des weiteren öffnet der FCC-Stempel „öffentliches Gut" Tür und Tor für staatliche Zensur und Kontrolle. Ist erst einmal die Bandbreite der US-amerikanischen Leitungen aufgrund der „neutralen" Durchleitung aller Datenpakete an ihre physikalischen Grenzen gestoßen, werden Forderungen aufkommen nach weiterer staatlicher Regulierung. Die Regierung wird sich dann in den Stand versetzen, zu bestimmen, wer wann wohin welche Daten senden darf. Sie wird dann darüber entscheiden, welche Nachrichten es zum Beispiel wert sind, an den Endkunden weitergeleitet zu werden, und welche nicht. Die Regierung wird es darstellen, als sei sie aufgrund ungeahnter Probleme nun dazu gezwungen, Lizenzierungsverfahren einzuführen, um das Internet für alle erhalten zu können. Die unweigerliche Folge des Netzsozialismus: Informationsarmut für alle.

Während das Telefon in den USA, und nicht nur dort, praktisch seit 130 Jahren keine bahnbrechende Weiterentwicklung mehr erlebt, erfreuen sich die Nutzer des Internets seit 20 Jahren an so einigen Neuerungen, die ihre Vorfahren höchstens in Science-Fiction-Romanen bewundern konnten. Auch das Telefon wurde von den neuen Übertragungsmöglichkeiten samt Videotransfer überholt. Der weltweite Siegeszug des Internets in den letzten Jahren wäre ohne die Liberalisierung auf dem US-amerikanischen Markt in den 90ern niemals möglich gewesen. Die Zahl der weltweit digital vernetzten Menschen stieg von 88.000 in den späten 1980ern auf mehr als drei Milliarden im Jahr 2014. Die Internationale Fernmeldeunion (ITU), eine Organisation der Vereinten Nationen, berichtete in der 2013er-Ausgabe ihres jährlichen Berichts „Trends in Telecommunication Reform", dass der weltweite digitale Datenaustausch einen Umfang von 58.000 Petabyte pro Monat erreicht habe – eine Steigerung um mehr als 260 Prozent allein in den vergangenen vier Jahren. Vertreter der ITU rechnen mit einer weiteren Erhöhung des Datenvolumens in den kommenden Jahren um 15.000 Petabyte monatlich. Das Unternehmen Cisco schätzt aktuell, dass die nächste Stufe, das „Internet der Dinge“, das bald auch Infrastruktur und Waren per Chip miteinander verbindet, für ein zusätzliches globales Handelsvolumen von 14 Billionen US-Dollar bis zum Jahr 2022 sorgen wird.

Ein „neutrales“ Internet wird zwangsläufig die Tragödie der Allmende durchleben müssen. Die Profite eines öffentlichen Gutes fließen stets seinen Meistnutzern zu. Die Kosten tragen die Kaum- bis Nichtnutzer. Es erscheint offensichtlich, dass im geschwindigkeitsregulierten Internet diejenigen den meisten Gewinn aus ihrer für alle gleich teuren Internetanbindung ziehen werden, die einfach am längsten „online“ sein und die meisten Daten saugen werden. Diejenigen, die nur sporadisch das Internet nutzen, werden weniger von dieser Technik profitieren. Am Ende zahlen alle den gleichen Preis für ihren Netzanschluss. Die Kaum- bis nicht Nichtnutzer subventionieren die Vielnutzer. Ein empirisches Beispiel bietet Japan, wo das Gesetz zu Telekommunikationsunternehmen („Telecommunications Business Act“) in Artikel 6 die „unfaire oder diskriminierende Praxis bei der Erbringung von Telekommunikationsdienstleistungen“ verbietet, gleichzeitig aber die allgemeine Bandbreite der Leitungen enorm gesteigert werden konnte. Der Verband der nordamerikanischen Internet-Provider NANOG errechnete im Jahr 2005, dass vier Prozent der japanischen Internetnutzer 75 Prozent des Datenverkehrs verursachten. 96 von 100 Nutzern müssen also den Ausbau der Breitbandanbindung bezahlen, um den Datenverkehr der restlichen vier zu ermöglichen. Sieht so die „Gerechtigkeit“ aus, wie sie sich Verfechter der Netzneutralität versprechen?

Während also die FCC in den USA, und bald womöglich auch die Bundesnetzagentur in Deutschland, eine angebliche „Öffentlichkeit“ und ihr Interesse zu definieren versucht, existieren in der Realität viele verschiedene Gruppen von Konsumenten mit vielen verschiedenen Bedürfnissen und vielen verschiedenen Ansprüchen an ihre Internetverbindung. Verschiedene Konsumenten sollten auch verschiedene Preise für verschiedene Angebote zahlen können. Unterschiedliche Preise für unterschiedliche Nachfrageintensitäten begünstigen schließlich eine optimale Verteilung des entsprechenden Gutes. Genau deshalb fahren auch nicht alle Menschen einen Porsche 911, sondern manche eben auch einen Opel Corsa. Genau deshalb begnügen sich nicht alle Menschen mit Kleidung von der Stange, sondern beauftragen zuweilen den Schneider ihres Vertrauens.

Kochen jedoch Staaten je ihr eigenes infrastrukturelles Süppchen, schadet dies dem Internet. Unterschiedliche Regeln hinsichtlich der Netzneutralität leisten der Fragmentierung des Netzes Vorschub. Im September 2015 konnten sich EU-Politiker auf einen Kompromiss zur Netzneutralität verständigen, der allerdings kaum Unterschiede zu den Regelungen des US-amerikanischen FCC erkennen lässt. Auf beiden Seiten des Atlantiks ist nun mehr oder weniger festgeschrieben, dass keine Inhalte blockiert oder gedrosselt werden dürfen und jeglicher Datenverkehr gleich behandelt werden muss.

Ein Sieg im Sinne der Netzwerkökonomie, aber ein weiterer Schlag gegen das Eigentum.

Yes, ICANN

„ICANN“ heißt eine Organisation, der hinsichtlich der E-Governance-Agenda besonderes Augenmerk gilt: „Internet Corporation for Assigned Names and Numbers“. Eine vermeintliche „Nicht“-Regierungsorganisation, die einen vermeintlich „notwendigen“ Regulierungsauftrag erhalten hat, den vermeintlichen „Wirren des Marktes“ entgegenzutreten. Dass dabei Millionensummen aus der Privatwirtschaft abgesaugt werden, ist nur einer der Gründe, sich näher mit dieser Organisation zu beschäftigen.

Das Geschäftsmodell von ICANN fußt darauf, Top-Level-Domains, im Alltagsgebrauch als „.de“ oder „.com“ bekannt, zu versteigern. Dies sei notwendig, damit das Internet in seiner jetzigen Form überhaupt funktionieren könne, so wird gesagt. ICANN selbst versteht sich als basisgeleitete, konsensgesteuerte und vielen verschiedenen Einzelinteressen verpflichtete Organisation. Eine NGO also wie aus dem Lehrbuch.

Die Zuteilung von Top-Level-Domains und der gesamte technische Apparat zwecks korrekter Adressierung der ans Internet angeschlossenen Knotenpunkte oblag in der Vergangenheit, als das Internet noch ein Forschungsprojekt des US-Militärs darstellte, der Forschungsbehörde DARPA. Mit zunehmender Öffnung des Netzes für private und kommerzielle Zwecke wurde dieser Aufgabenbereich der National Telecommunications and Information Administration (NTIA) übertragen, einer Behörde des US-Handelsministeriums. Im Oktober 1998 dann gab die US-Regierung grünes Licht für die Gründung von ICANN. Den Obersten Rat besetzen seitdem zu großen Teilen Vertreter des polit-industriellen Komplexes. Der aktuelle Vorsitzende Steve Crocker beispielsweise forschte bei der DARPA und ist seit den späten 1960er Jahren an der Entwicklung des zunächst als „Arpanet“ bezeichneten Internets beteiligt. Deutschland wird vertreten von der langjährigen EU-Parlamentarierin Erika Mann

(SPD), die seit vier Jahren auch das Unternehmen Facebook in Brüssel vertritt.

Mann, Crocker und ihren Kollegen beratend zur Seite steht das Governmental Advisory Committee (GAC). Erklärte Rolle dieses Rats aus Regierungsvertretern ist es selbstredend, die Interessen der „öffentlichen Ordnung“ in den Diskurs um die Fortentwicklung des Internets einzubringen. 140 Regierungen aus aller Welt entsenden ihre Vertreter in das GAC. Die deutsche Bundesregierung wird vertreten von vier Bürokraten aus Gabriels Wirtschaftsministerium.

Das mit Staates Hilfe erschaffene Monopol ist lukrativ. Circa 58,8 Millionen US-Dollar an Auktionserlösen vermerkt die ICANN aktuell in ihren Büchern. Allein 25 Millionen US-Dollar zahlte Google für die Endung „.app“. Und selbst das relativ unbekannte Unternehmen mySRL aus Regensburg musste zuletzt 400.000 Euro für die Endung „.srl“ berappen. Der Geldsegen wird nicht abbrechen. Zur Zeit stehen noch 27 Auktionen aus.

Doch Geld kann natürlich nicht der Antrieb einer halbstaatlichen Organisation sein. Dies kann man schließlich jederzeit in beliebiger Menge gebären. Nein, die Netzplaner wären keine Netzplaner, läge ihnen nicht die Regulierung am Herzen. Regelmäßig bekommen Bewerber eine Menge bürokratischen Ärger, wollen sie das zentralistische System der Adressenverwaltung mit neuen Ideen voranbringen. John Berard, Chef von Vox Populi, verspürte zum Beispiel heftigen Gegenwind bei seinem Versuch, die Top-Level-Domain „.sucks“ registrieren zu lassen. Sein Geschäftsmodell, diese Endung an Unternehmen zu verkaufen, die dann wiederum Kundenkritik mittels einer eigenen Internetseite in „geordnete Bahnen“ lenken können, wurde aufgrund seiner Preisgestaltung als „ausbeuterisch“ verunglimpft. Nachdem die Endung zunächst von ICANN freigeschaltet worden war, schaltete sich die US-amerikanische Federal Trade Commission (FTC) ein und forderte ICANN auf, in Zukunft genauer auf das Gebaren der Antragsteller zu achten. Berard und Vox Populi wolle man nun genauer beobachten.

Noch genauer als auf „Ausbeuter" schauen ICANN und Kollegen auf sogenannte „Cybersquatter", Firmen, die Adressendungen ersteigern, um sie später an den Meistbietenden weiterverkaufen zu können. Gegen allerlei Markenrechte soll dabei zuletzt das niederländische Unternehmen OpenTLD verstoßen haben. Verbraucherrechte seien bedroht, so die Anwälte der Kläger. ICANN sprang diesen bei und suspendierte OpenTLD von zukünftigen Registrierungsverfahren.

Doch ICANN steht seit geraumer Zeit in der Kritik. Shane Tews von der Denkfabrik American Enterprise Institute schlug während einer ICANN-Konferenz im September 2015 vor, Regierungen fortan keinerlei Stimme mehr innerhalb der Organisation zu geben. ICANN sei schließlich kein Schiedsrichter für Handelsverträge oder Menschenrechte. Doch der Vorschlag droht zu verpuffen. Der Glaube an die Allmacht der Demokratie wiegt schwer in der netzpolitischen Gemeinde. Bei aller Kritik lassen sich derzeit kaum Stimmen finden, die einen gänzlichen Ausschluss von Regierungsvertretern befürworten. Und die Regierungen selbst schätzen natürlich die Macht von ICANN – gerade in Zeiten, in denen systemkritische Internetseiten sowie alternative Währungs- und Tauschsysteme wie Pilze aus dem Boden sprießen.

Caring statt Sharing

Alternative Tauschsysteme. Dies war auch das Stichwort, das die Bundesregierung im Sommer 2015 zum Start einer Aufklärungskampagne veranlasst hatte. Mit dem „kulturellen Wertewandel“ im 21. Jahrhundert gingen „neue Erwartungen an den Staat einher“, so die Beamten auf der Internetseite des Arbeitsministeriums. Die Politik sei gefordert, der modernen Erwerbstätigkeit „förderliche Rahmenbedingungen auf nationaler und internationaler Ebene“ zu setzen.

Rahmenbedingungen benötige auch und besonders die Share Economy, wie die ehemalige Microsoft-Lobbyistin Anke Domscheit-Berg in einem Video der Kampagne erklärt.

Die Share Economy sei eine alte Nutzungsform, die man noch aus den Commons des Mittelalters kenne, redet sich Frau Domscheit-Berg in dem zweiminütigen Film um Kopf und Kragen. „Wir können die Art und Weise, wie wir leben, so nicht mehr weitermachen. Die Erde ist nur einmal da, und beliebiges Wachstum gibt es nicht. Wenn wir also einen angemessenen Lebensstandard für alle Menschen haben wollen, müssen wir unseren Ressourcenverbrauch dramatisch reduzieren. Dazu gibt es tatsächlich keine Alternative. Und die Share Economy ist ein sehr effektiver Weg, dazu beizutragen.“

Sie fährt fort: Es gehe heutzutage nicht mehr um Eigentum, sondern allein um den Zugang zu Ressourcen, wenn man ihn gerade benötige. Im Grunde eine positive Entwicklung, doch „im Moment haben wir noch sehr viele rechtliche Graubereiche, was zum Beispiel Haftungsfragen angeht, Gewährleistungsfragen, aber auch Fragen von Copyright. Aber auch die menschliche Natur ist manchmal eine Barriere, denn viele Menschen möchten lieber Dinge ihr Eigentum nennen. Das sind also Hürden, die wir noch nehmen müssen“, führt sie aus. Entlarvend.

Kann politische Hybris noch höher hinaus? Ein neuer Mensch? Nicht mehr und nicht weniger scheinen Frau Domscheit-Berg und ihre verbeamteten Auftraggeber im Sinn zu haben. Ihre große Hoffnung: die Jugend. O-Ton Domscheit-Berg: „Es wächst eine neue Generation heran, die mit diesem gemeinsamen Teilen als Grundkonzept ihres Lebens schon aufwächst. Und viele von diesen Jugendlichen haben nicht mehr die Idee, Dinge selbst nicht nur besitzen, sondern als Eigentum haben zu müssen." Diese wollten mobil und flexibel sein. „Das können sie mit Eigentum gar nicht abdecken."

Eigentum also ein barbarisches Relikt aus grauer Vorzeit?

Nein. Die Bundesministerialbeamten irren. Und noch mehr. Eigentum als verfassungsmäßig garantiertes Grundrecht in einer offiziellen Stellungnahme der Regierung als ein zu überwindendes Problem darzustellen, stimmt mehr als bedenklich.

Eigentum ist notwendige Voraussetzung jeglichen Lebens und Wirkens, auch für die Share Economy. Denn wer etwas nicht sein Eigen nennt, kann es auch nicht mit seinen Mitmenschen teilen. Wer verfügt am Ende über die sachliche Hoheitsgewalt über die Güter der Share Economy, wenn das Eigentum abgeschafft ist?

Womöglich genau derjenige, der zuvor bereits dafür gesorgt hat, dass vormals „egoistische" Bürger, die „Dinge ihr Eigentum" nannten, nun endlich eingesehen haben, dass sie „mit Eigentum gar nicht alles abdecken" können.

Friedfertiges Teilen haben Staatsbedienstete also sicherlich nicht im Sinn, wenn sie sich nun Schritt für Schritt in die neu entstehenden Märkte einmischen. „Care Economy" steht auf ihren Fahnen. Das Teilen als gemeinnützige, gleichwohl staatlich überwachte und regulierte Angelegenheit. Es steht zu befürchten, dass viele gute Ideen auf der Strecke bleiben werden, wenn erst einmal Berliner Bürokraten ein Auge auf sie gerichtet haben.

Ein herber Verlust, denn noch ermöglicht eine weitgehend freie Share Economy so manche Wohlstandsmehrung. Die durchregulierten Taxi- und Hotelgewerbe sehen sich heute zum Beispiel ernst zu nehmender Konkurrenz ausgesetzt. Dabei haben sich die neuen Wettbewerber ein cleveres Marketing verpasst. Sie verbinden das vermeintlich böse Profitstreben mit zeitgeistkonformen Adjektiven wie „nachhaltig“, „ressourcenschonend“ und „gemeinwohlfördernd“ und gleiten damit in vielversprechendem Fahrwasser. Und wer hat schon was gegen das „Teilen“?

Das europäische Unternehmen Carpooling, das in Deutschland unter anderem die Internetseite mitfahrgelegenheit.de betreibt, verweist zum Beispiel nur ungern auf die Tatsache, dass seine Kunden bares Geld sparen können. Nein, sein Geschäft dient einem höheren Ziel. In einem Werbevideo weisen die Macher darauf hin, dass Öl-, Gas- und Kohlevorkommen bald schon zur Neige gehen sollen – und sie betonen: „Mit den steigenden Energiepreisen im Hinterkopf müssen wir entweder neue Energiequellen finden oder unsere Ressourcen effizienter nutzen.“ Solche Aussagen treffen den Nerv der Zeit und erzielen auch während der gepflegten Konversation im Bio-Restaurant keine bösen Blicke.

Grüne und rote Marktskeptiker fühlen sich also erst einmal hingezogen zur „Ökonomie des Teilens“, vulgo: „Share Economy“, gerade weil diese sich die von ihnen vertretenen Werte wie Gemeinwohl und Nachhaltigkeit zu eigen macht. Dabei ermöglicht die Nächstenliebe erst den Profit. Diese Kombination für ein verträgliches menschliches Miteinander wurde im Silicon Valley, dem Geburtsort der Share Economy, vor Jahrzehnten bereits erkannt. Der verstorbene Apple-Gründer Steve Jobs verband Spirituelles, Ökologisches und Kapitalistisches wie kaum ein Geschäftsmann zuvor und prägte damit Generationen von Nerds und Jungunternehmern. Als „kalifornische Ideologie“ tituliert, bleibt die gar nicht so neue Essenz der Marktwirtschaft heute oft missverstanden. Der weltweit gefeierte Soziologe Jeremy Rifkin präsentiert sich in seinem Buch „Die Null-Grenzkosten-Gesellschaft“ selbst als einer dieser scheinbar alternativen Ökonomen, indem er ein „Ende des vorherrschenden Kapitalismus“ prophezeit und behauptet, aus der industriell geprägten Gesellschaft erwachse im Zuge der Share Economy eine globale Gemeinschaft. Und in ihr sei Teilen mehr wert als Besitzen. Auch der US-amerikanische Juraprofessor Yochai Benkler nutzt die Sprache linker Weltverbesserer in seinem bereits im Jahr 2006 erschienenen Buch „The Wealth of Networks“, in dem er die wirtschaftlichen Vorteile des Internets beschreibt und die Share Economy in ihren Grundzügen vorausahnt.

Das Marketing ist geschickt. Und Politiker lassen sich mit einer solchen Sprache auf die Seite der aufstrebenden Jungunternehmen ziehen, die statt individueller und geschäftlicher Freiheit die Rettung des Planeten auf ihrer Agenda haben. So unterstützten in den USA unter anderem die demokratischen Abgeordneten Dave Jones und Zack Hudgins maßgebliche Gesetzesentwürfe, die das Carsharing und die private Autoleihe ermöglichen. Ihre Beweggründe gleichen den Wahlplakaten: „Zu einem besseren Umgang mit der Umwelt ermutigen“ und „Ressourcen effizienter nutzen“.

Das Internet als Motor der Share Economy reduziert Transaktionskosten und macht damit auch Klein- und Mikrounternehmen lukrativ. Für den Fiat-Panda-Fahrer lohnt es sich nun, in den Wettstreit mit den halb- und vollverstaatlichten Verkehrsbetrieben einzutreten. Der Ökonom Michael Wohlgemuth bewertet das Modell der Share Economy aus „österreichischer“ Perspektive: „Friedrich August von Hayek wäre begeistert gewesen: spontane Marktlösungen, die Preiskartelle und Mengenkontingente aufbrechen. Dass die Ökonomie des Teilens, solange sie nicht als staatliche Zwangsanordnung daherkommt, sondern als freiwilliges Nutzen von Tauschvorteilen, etwas Gutes ist, wäre Hayek klar. Dass das heute auch über die Kleingruppe hinaus unter Fremden möglich ist, würde ihn vielleicht überraschen.“ Aber der Nobelpreisträger Hayek konnte schließlich auch nicht die kommunikativen Möglichkeiten erahnen, die eines Tages das Internet bieten sollte.

Dieses Werkzeug verhilft Anbietern und Kunden zu einem Dialog über physische Grenzen hinweg. Und es birgt Potential, vorhandenen staatlichen Strukturen zur Bedeutungslosigkeit zu verhelfen. Wie schon seit Jahren diverse Warenhäuser und Auktionsplattformen bedient sich auch die Share Economy der Bewertungsfunktion im Netz. Dank fünf wahlweise gelber oder grauer Sterne ist beiden Vertragspartnern auf einen Blick ersichtlich, ob ein Geschäft vertrauensvoll und erfolgreich durchgeführt werden kann oder nicht. Der US-Ökonom Arun Sundararajan schreibt über die Selbstregulation per digitalem Bewertungssystem: „In der Share Economy ist die Reputation diejenige digitale Institution, die Käufer schützt und genau jene Marktfehler verhindert, die Ökonomen und Gesetzgeber so sehr fürchten." Staatlicher Verbraucherschutz wirkt dagegen wie die verzweifelte Wahnidee, das Wohlergehen Abertausender von Marktteilnehmern aus der Amtsstube heraus überwachen und garantieren zu können. Auch hier hatte der liberale Ökonom Friedrich August von Hayek das erkannt, was das Internet einige Jahre später praktisch deutlicher denn je zuvor veranschaulichen sollte: die Anmaßung von Wissen als Relikt zentralstaatlicher Hybris.

Deutsche Taxifahrer müssen hohe Hürden überwinden. Steht ein Taxischein auf der Wunschliste, muss man zunächst den Führerschein der Klasse B, ein blütenweißes Führungszeugnis, ein ausführliches Gesundheitszeugnis und zwei Jahre Fahrpraxis vorweisen. Man muss das Mindestalter von 21 Jahren erreicht haben und darf maximal drei Eintragungen im Verkehrszentralregister in Flensburg aufweisen. Sind diese Hürden übersprungen, mag der Anwärter dann zur amtlichen Ortskundeprüfung antreten, während der er den Bürokraten sein Wissen über lokale Gegebenheiten praktisch vorführen darf. Die Fahrgastbeförderungsplaner in den Amtsstuben lassen es sich natürlich nicht nehmen, den Fahrermarkt über die Wartezeit bis zur Prüfung zu kontrollieren. Und das gilt nur für die Fahrer. Ein Unternehmer erwirbt mit einer Taxilizenz auch eine zum Gelddrucken. Denn die örtlichen Planungsbehörden verknappen gerne das Angebot – zuungunsten des Kunden. Weshalb eine Taxigelddrucklizenz nur gegen Zahlung von 50.000 bis 100.000 Euro den Besitzer wechselt.

Im klassischen Hotelgewerbe sind noch ganz andere staatliche Hürden zu nehmen. Die juristischen Hindernisse reichen dabei vom Arbeitsschutzgesetz über Feiertagsgesetze, Entgelttarifverträge, Jugendschutzgesetze, Bauverordnungen, Mutterschutzgesetze und Trinkwasserverordnungen bis hin zum Nichtraucherschutzgesetz. Neben den Beamten wollen zudem allerlei staatlich abgesegnete andere Monopolisten ihr Geld: GEMA, Berufsgenossenschaften und Pflichtversicherungen lassen freundlich grüßen. Sie alle und viele mehr reden mit, reden rein und schmeißen Knüppel zwischen die Unternehmerbeine. Uber, Airbnb und andere Plattformen haben dieser Orgie des Größenwahns beherzt ein Ende gesetzt.

Im Netz teilen die Kunden der Share Economy nicht nur Autos und bewerten Fahrer. Sie teilen auch die eigenen vier Wände. Das Internetportal Airbnb (ursprünglich „Airbedandbreakfast", „Luftmatratze und Frühstück") machte in den vergangenen Jahren von sich reden. Auf dem Online-Marktplatz kommen Wohnungseigentümer und potentielle Kurzzeitmieter ungehindert in Kontakt. Auch Langzeitmieter, die zum Beispiel für einige Tage auf Reisen gehen, können vorab eine Zwischenvermietung ihrer Wohnung arrangieren. Seit 2007 ist Airbnb somit zum globalen Anlaufpunkt für Touristen geworden, die eine günstige Alternative zu Hotels suchen. Viele Immobilienbesitzer haben sich auf diese Weise eine lukrative Nebenerwerbsquelle gesichert. Inzwischen werden über das Portal mehr als 600.000 lokale Übernachtungsmöglichkeiten in 192 Ländern vermietet. Der Umsatz des Unternehmens aus dem Silicon Valley soll zuletzt auf 250 Millionen Dollar im Jahr angewachsen sein.

Auch in Berlin sorgt Airbnb für Aufsehen. Mindestens so einfach wie eine Hotelbuchung – nur ein paar Klicks benötigt es, um ein günstiges Appartement für den nächsten Kurzurlaub oder die Städtereise zu buchen. Auch die Wohnungsanbieter mussten bislang keine Hürden befürchten. Es brauchte keine Lizenz, keine Genehmigung, kein Nicken von oben, um seine Immobilie zeitweise zur Verfügung zu stellen. Und auf diesem Wege fielen die Preise für solcherlei Luxus beträchtlich. Ein Mini-Apartment in Berlin-Mitte für 40 Euro, ein Zimmer in Kreuzberg für 19 Euro, eine exquisite Altbauwohnung mit vier Schlafzimmern in Moabit für 140 Euro pro Tag waren keine Seltenheit.

Doch seit dem 1. Mai 2014 müssen die Berliner höllisch aufpassen. Am Kampftag des Proletariats trat in der Bundeshauptstadt das Zweckentfremdungsverbot in Kraft, nach dem Wohnungseigentümer ihre Immobilie nicht mehr ohne exekutive Genehmigung als Ferienwohnung untervermieten dürfen. Die schöne neue Urlaubswelt scheint an diesem Tag ihr vorläufiges Ende in der deutschen Hauptstadt gefunden zu haben. Die Daumen in den Amtsstuben hatten sich gesenkt. Laut Senatsverwaltung für Stadtentwicklung und Umwelt solle zwar jeder Einzelfall zukünftig gewissenhaft geprüft werden, tendenziell handele es sich bei privaten Vermietungen über Airbnb und ähnliche Portale aber um eine „Zweckentfremdung von Wohnraum". Berlins Bürokraten kommunizierten den Dirigismus blumig: „Eine Zweckentfremdung im Sinne dieses Gesetzes liegt vor, wenn Wohnraum zum Zwecke der wiederholten nach Tagen oder Wochen bemessenen Vermietung als Ferienwohnung oder einer Fremdenbeherbergung, insbesondere einer gewerblichen Zimmervermietung oder der Einrichtung von Schlafstellen, verwendet wird; für gewerbliche oder berufliche Zwecke verwendet oder überlassen wird; baulich derart verändert oder in einer Weise genutzt wird, dass er für Wohnzwecke nicht mehr geeignet ist; länger als sechs Monate leer steht oder beseitigt wird." So lautet das Gesetz. Ein Scheinchen vom Amt ist seit dem 1. Mai also notwendig. Wibke Werner vom Berliner Mieterverein weiß: „Angesichts der angespannten Mietsituation wird eine solche Genehmigung aber wohl kaum erteilt." Bei Zuwiderhandlung drohen Geldbußen von bis zu 50.000 Euro.

Derweil hofft Airbnb auf letzte Reste von Menschlichkeit in bürokratischen Herzen. Unternehmenssprecher Julian Trautwein wies darauf hin, dass Berlins Wirtschaft von zusätzlichen Touristen nur profitieren könne. Im Gespräch mit dem Autor dieser Zeilen lobt er gar grundsätzlich die Zweckentfremdungsgesetze, sofern sie seine Firma nur nicht treffen. Gesetze etwa, wie sie zuletzt Hamburgs und Münchens Wohnungsmarktaufseher erlassen hatten: „Städte wie zum Beispiel Hamburg zeigen mit ihren Konzepten, wie es funktionieren kann. Die im Juni

2013 in Kraft getretene Zweckentfremdungsverordnung erlaubt die Vermietung der eigenen Wohnung über Airbnb – die Stadt fördert mit dem Konzept die Share Economy und ist ein Vorzeigemodell für andere Städte in Europa. In München ist die Vermietung über Airbnb ebenfalls erlaubt, wenn die eigentliche Nutzung als Wohnraum überwiegt.“ Wer gehorcht, hat nichts zu befürchten. Und Airbnb ist ganz brav.

Der Fall Airbnb zeigt, wie weit der korporatistische Staat schon gewachsen ist. Alle Seiten versuchen, so viel wie möglich vom Kuchen zu ergattern. Während das Start-up in puncto Zweckentfremdung mit den Großen heult, klagt auch der allmächtige Deutsche Hotel- und Gaststättenverband: „Hier entstehen Parallelstrukturen, die sich nicht an die gleichen rechtlichen Rahmenbedingungen halten wie unsere Hotels.“ Und inoffiziell tuscheln bereits die Hotel-Manager mit den Lokalpolitikern im Kaminzimmer, heißt es aus gut unterrichteten Kreisen.

Die Quittung bekommen die Nutzer. In New York wird bereits gegen Tausende von Airbnb-Kunden wegen des Verdachts auf Steuerhinterziehung ermittelt. Um ein komplettes Verbot des Geschäftsmodells und damit den Ruin des Unternehmens zu verhindern, gab Airbnb Daten von 15.000 Nutzern an den New Yorker Staatsanwalt Eric Schneiderman heraus.

Die Vertreter der Share Economy auf vier Rädern scheinen an diesem Punkt widerspenstiger zu sein. Das Start-up Uber ist in aller Munde, auch weil es sich auf juristischem Weg gegen staatliche Sanktionen zur Wehr setzt. Bislang jedoch erfolglos. Das im März 2015 erlassene deutschlandweite Betriebsverbot scheint wie in Stein gemeißelt, und einzelne Fahrer sehen sich Zivilklagen aus der Taxi-Zunft ausgesetzt. „Das bestehende Taxi-System stinkt“, wird Uber-Chef Travis Kalanick nicht müde zu betonen. Und als Oberstinker agieren in Deutschland wieder einmal die Gewerkschaften. Vom Kopf her. DGB-Chef Reiner Hoffmann, der sich seine private Haushaltshilfe steuergeldfinanziert vom Sozialkonzern Diakonie schicken lässt, wetterte im „Spiegel“-Interview gegen Internet-Börsen für Putzfrauen und Taxifahrer. Hoffmann definierte die freiwillige

Übereinkunft zwischen Fahrer und Kunde über Uber so: „Das ist doch moderne Sklaverei!" Und Frieden ist Krieg, George Orwell hätte seine wahre Freude an dem Wuppertaler gehabt.

Der Airbnb-Konkurrent Gloveler, im Jahr 2009 von Karlsruher Studenten gegründet, erhielt im Dezember 2014 einen Brief von der Stadt Dortmund, in dem das Unternehmen zur Herausgabe der Daten seiner vermietenden Nutzer aufgefordert wurde.

Vier Wochen zuvor hatten die Dortmunder Bürokraten bereits eine Bettensteuer in Höhe von 7,5 Prozent eingeführt. Lange ließen sie sich dann nicht mehr bitten und schickten klare Anweisungen nach Karlsruhe. Im Brief der Stadt Dortmund an Gloveler ist zu lesen: „Im Rahmen von Internetrecherchen durch das Steueramt der Stadt Dortmund zu Übernachtungsangeboten in Dortmund wurde festgestellt, dass eine Vielzahl von Unterkünften über Vermittlungsagenturen angeboten werden. Die Lage der angebotenen Objekte in Dortmund ist auf den Internetseiten nur grob angegeben. Daten zur Kontaktaufnahme sind überwiegend Anschriften, Telefonnummern und Internetadressen der Vermittler. Eine Zuordnung der dort angebotenen Unterkünfte zu bereits beim Steueramt erfassten Beherbergungsbetrieben ist deshalb nicht möglich." Freundlicherweise erklären die Beamten der Stadtkasse die juristischen Grundlagen ihrer Schnüffelei: „Nach Paragraph 11 der Beherbergungsabgabesatzung sind Hotel- und Zimmervermittlungsagenturen sowie Dienstleistungsunternehmen ähnlicher Art verpflichtet, der Stadt Dortmund die Beherbergungsbetriebe mitzuteilen, an die entgeltliche Beherbergungsleistungen vermittelt werden." Worauf die Steuereintreiber nur im Anhang eingingen: Gemäß Paragraph 12 der Dortmunder Beherbergungsabgabesatzung kann eine Verweigerung der Kooperation als Ordnungswidrigkeit und gar als Straftat verfolgt werden.

Das Unternehmen Gloveler äußerte daraufhin zunächst „datenschutzrechtliche Bedenken". Ein mildes Urteil für die Hybris des parasitären Steuerstaates. Hoffnung, den Zwang zur Kooperation abwenden zu können, sieht jedoch der Jurist Jürgen Höffler für das Unternehmen. Er gibt zu bedenken: „Die Stadt ist nach dem Subsidiaritätsprinzip zuerst aufgefordert, die gewünschten Daten ohne unbeteiligte Dritte wie Gloveler zu erheben. Mit dem Verweis auf eine nicht erfolgreiche Internetrecherche macht es sich die Stadt Dortmund sehr einfach.“ Die Buchungsplattform folgt seinem Rat und wird dem Auskunftsersuchen nicht nachkommen.

Und auch zur Gesamtthematik Bettensteuer ist das letzte Wort noch nicht gesprochen. Auch alteingesessene Betriebe kämpfen gegen den quellenden Brei fiskalpolitischer Zumutungen. Allerdings auf eine Art und Weise, die ein eher mulmiges Gefühl hinterlässt. Die Stadt Berlin nahm im vergangenen Jahr nahezu 27 Millionen Euro über diese Zwangsabgabe ein, kann das Geld aber nicht verteilen, da weiterhin verschiedene Gerichtsverfahren über die Rechtmäßigkeit der Bettensteuer laufen. Da Geschäftsreisende keine Bettensteuer zahlen müssen, hatte zum Beispiel das Westin Grand Hotel im vergangenen Sommer stellvertretend für die Berliner Hotelbetriebe Klage gegen die sogenannte „City Tax“ beim Finanzgericht Berlin-Brandenburg in Cottbus eingereicht. Die Steuer sei eine Belastung für Hoteliers und eine Zumutung für die Gäste, hatte Hotelsprecherin Andrea Bishara damals erklärt. Es verstoße gegen die Diskretion, einen Gast bei der Anmeldung fragen zu müssen, ob er privat oder geschäftlich in Berlin sei. Zudem hätten privat anreisende Gäste kein Verständnis dafür, dass sie fünf Prozent mehr bezahlen müssen als Geschäftsleute. Eine Argumentation, die Richter und Steuereintreiber aller Erfahrung nach erfreuen weil dazu neigen lassen wird, Geschäftsleute dann eben doch zur Gruppe der im Fiskaljuristendeutsch „Abgabenschuldner“ Titulierten zu zählen. Jeder Gast wird dann eben zahlen müssen. Typisch preußisch-korrekt wäre dann alles in Butter. Chapeau!

Was allerdings selbst viele Protagonisten der Szene nicht verstehen wollen: Share Economy hat nichts mit „altem“ oder „neuem Kapitalismus“ zu tun. Share Economy ist schlicht Marktwirtschaft. Ihre Teilnehmer sind genauso wie der Landwirt vor 500 und der Fabrikant vor 100 Jahren daran interessiert, Ressourcen und Umwelt zu schonen und gewinnmaximierend zu wirtschaften. Profite und Wachstum zeigen dabei verlässlich den Wert der besten Ideen und Umsetzungen an. An diesem Punkt scheitern Jeremy Rifkin und Kollegen. Die Marktwirtschaft hat nicht, wie sie glauben, ausgedient. Vielmehr bietet die Share Economy dank des Internets nur neue nützliche Werkzeuge auf dem Weg zur Wohlstandsmaximierung. Nicht mehr. Und nicht weniger.

Doch Politiker wie Bürokraten haben genau diese Kraft, neu entfesselt durch die Möglichkeiten des Internets, entdeckt. Sie wollen sie zügeln. Sie müssen sie zügeln. Die Vormachtstellung ihres Staates als paternalistischer Rundumversorger steht schließlich auf dem Spiel. Sich zum Flughafen chauffieren lassen ohne verbeamtete Aufsicht? Das darf nicht sein.

Der Sensenmann macht die Schotten dicht

Kevin Kelly, Gründer des „Wired Magazine“ und lange Zeit Redakteur des visionären „Whole Earth Catalog“, gehört unbestritten zu den wichtigsten Vordenkern des Silicon Valley. In seinem äußerst lesenswerten Buch „New Rules for the New Economy“ aus dem Jahr 1994 veranschaulicht der in Deutschland nahezu unbekannte Autor die ökonomische Bedeutung von Netzwerken und die Art und Weise, wie diese das Wirtschaften und Handeln verändern werden. Er schreibt: „Die Mathematik sagt, dass der summarische Wert eines Netzwerks im Quadrat der Teilnehmerzahl steigt. Mit anderen Worten: Während die Zahl der Knoten in einem Netzwerk arithmetisch ansteigt, steigt der Wert des Netzwerkes exponentiell. Ein paar Teilnehmer mehr, und der Wert für alle steigt dramatisch.“ Der den Netzwerken innewohnende Zauber sei es, dass jedes neue Mitglied erheblich mehr Verbindungen und Wert für alle anderen Teilnehmer erzeuge. Gerade darin bestehe das qualitative Fortschrittspotential, da kleine Anstrengungen zur Entwicklung des Netzwerkes einen sehr viel höheren Nutzen und Umsatz versprechen.

Der Fax-Effekt ist ein wichtiges Merkmal der Netzwerkökonomie. Das erste verkaufte Fax-Gerät war nichts wert. Erst mit dem Verkauf des zweiten Fax-Geräts bekam das erste einen Wert, da es einen Kommunikationspartner benötigt. Weil Fax-Geräte als Knotenpunkte in einem Netzwerk agieren, erhöht sich das Potential und damit der Wert eines jeden Geräts mit jedem weiteren verkauften Exemplar. Die Menge schmälert den Wert nicht. Sie erhöht ihn. Exponentiell. Je mehr Knotenpunkte also in einem Netzwerk miteinander kommunizieren können, desto wertvoller wird das Netz und desto wertvoller werden auch die einzelnen Teilnehmer. Dies gilt auch für das Internet. Die Nutzer profitieren von jedem hinzukommenden

Knotenpunkt. Je mehr Knoten, desto nützlicher, weil die Palette der Angebote, Informationen und Dienstleistungen wächst.

Vor diesem Hintergrund lehren die seit den Enthüllungen von Edward Snowden von allen großen Regierungen weltweit vorangetriebenen Pläne zur Abschottung ihrer nationalen Netzwerke das Fürchten. Während die zivilgesellschaftlich vorangetriebene Vernetzung der Welt für Wachstum und Fortschritt sorgte, gefährdet die staatlich betriebene Balkanisierung des Internets nun jedes dahin gehende Potential. Auch das Urteil des Europäischen Gerichtshofs im Oktober 2015 zum Safe-Harbor-Abkommen zwischen der EU und den USA spielt den Megalomanen in die Karten.

Die Richter des EuGH stellten fest, dass das Abkommen keine ausreichende Basis für eine Datenübermittlung darstelle, und bestätigten ausdrücklich, dass Betroffene das Recht haben, die nationalen Gerichte anzurufen. Nationale Datenschutzbehörden dürften prüfen, ob die Daten einer Person entsprechend geschützt seien. Die Richter öffneten damit weiteren bürokratischen Einmischungen und kostspieligen Infrastruktursanierungen Tür und Tor.

Vor allem die kleinen IT-Unternehmen verließen sich bislang darauf, dass ihre Datenübermittlung in die USA unbedenklich sei. Nun muss jede Firma selbst dafür sorgen, den rechtlichen Rahmen nach der Datenschutz-Grundverordnung einzuhalten. Anwälte reiben sich wohl jetzt schon die Hände. Und auch die großen Unternehmen der Branche werden nervös. Ein Facebook-Manager deutete beispielsweise gegenüber dem irischen „Independent“ an, dass eine Trennung von europäischen und nichteuropäischen Daten mehrere Milliarden US-Dollar kosten könnte, da neue Rechenzentren in Europa gebaut werden müssten. Per Änderung der AGB oder Datenschutzbestimmungen wird sich Facebook kaum aus den Armen der Krake winden können. Selbst wenn Nutzer einer solchen Klausel zustimmen würden, wäre sie unwirksam, meint zumindest Peter Schaar, bis zum Jahr 2013 Bundesbeauftragter für den Datenschutz und die Informationsfreiheit. Er sagte gegenüber der „Zeit“:

„Der Verzicht auf Rechtsschutz und auf Auskunftsrechte über die zur eigenen Person gespeicherten Daten verstößt gegen die EU-Grundrechtecharta. So etwas wäre nach europäischem Recht unzulässig.“ Wahrscheinlich müssten zahlreiche Unternehmen „eine Ausgründung vornehmen und die Daten der Nutzer durch die Wahl der richtigen Rechtsform dem Zugriff der US-Behörden entziehen“, so Schaar weiter. Und „wenn sie davor zurückschrecken, riskieren sie, dass sie ihre Dienste in Europa letztlich nicht mehr anbieten dürfen“.

Vor den ökonomischen Gefahren warnte zu Anfang des Jahres 2016 auch der Fachverband Bitkom. Die Geschäftsleiterin für Datenschutz und Sicherheit, Susanne Dehmel, sagte: „Ein Wegfall weiterer, bislang legaler Wege der Datenübermittlung würde nicht nur die Digitalbranche schwer treffen, sondern die deutsche Wirtschaft insgesamt. Europa darf keine Dateninsel werden. Deutsche Unternehmen sind international tätig und haben Töchter und Geschäftspartner in aller Welt.“ Und sie fragte: „Wie sollen sie mit Niederlassungen und Kunden zusammenarbeiten, wenn sie kaum noch Daten austauschen dürfen?“ Datentransfers seien kaum noch möglich, wenn alternative Instrumente wie Standardvertragsklauseln oder Corporate Binding Rules wegfallen. Daten ausschließlich in Europa zu verarbeiten, sei „technisch in vielen Bereichen kaum umsetzbar“.

Einmal noch wurde die Schonfrist für den Datentransfer in die USA verlängert. Über das weitere Vorgehen herrscht allerdings Unsicherheit.

Facebook, Google und Co verbinden Menschen über Grenzen und Kontinente hinweg. Sie sind bei aller berechtigten Kritik wichtige Knotenpunkte, die den Wert des Netzes und den Nutzen für jeden einzelnen Nutzer erheblich steigern. Will sich die EU nun abschotten vom zweifellos US-amerikanisch dominierten Netz, offenbart dies nicht viel mehr als weltfremde Naivität. Ein europäisches Silicon Valley ist nirgends zu erblicken. Und selbst wenn eine solche Innovationsmaschine entstehen würde: Das Netz lebt von seinen Knotenpunkten. Je mehr, desto besser. Abschottung und Abgrenzung bedeuten bereits in der analogen

Welt Stillstand und schleichenden Tod. In der digitalen Welt sind sie gleichbedeutend mit Selbstmord.

Auch Plünderer in anderen Amtsstuben jubilieren. Frans Timmermans, Vizechef der EU-Kommission, kündigte bereits weitere staatliche Eingriffe an. Er forderte „klare Vorgaben" für die nationalen Datenschutzbehörden.

Und auch auf anderen wirtschaftlichen Gebieten sind die Folgen der im Zuge der NSA-Leaks geschlossenen Schotten zu spüren. Das Freihandelsabkommen TTIP zwischen den USA und der EU ist nicht zuletzt deshalb so arg unter Beschuss, weil die europäischen Bürger ihr Vertrauen in die US-Regierung verloren haben. Kritiker befürchten darin den letzten Schritt zur Unterwerfung. Im Miteinander wittern sie Gefahr.

In Zukunft wird entscheidend sein, wie der digitale europäische Binnenmarkt gestaltet wird. Bislang verhindern unterschiedliche Regulierungen für verschiedene Länder der EU, dass Europas Startups schnell wachsen können. Zu befürchten ist jedoch, dass hier die aktuellen Marktgiganten ein gehöriges Wörtchen mitreden werden. Die Telekom turnt bereits eifrig vor.

Die Krake wächst. Das freie Netz schrumpft. Und mit ihm auch die Chancen auf neuen Wohlstand und weiteren Fortschritt.

Alternativen und Widerstand

Kevin Kelly hilft uns auch weiter, wollen wir den Charakter des Internets und die Gründe für seinen durchschlagenden Erfolg verstehen. In seinem Buch „New Rules for the New Economy“ beschreibt er das Internet als Netzwerk vieler kleiner intelligenter Einheiten, denen es gelingt, ganz ohne zentrale Führung von oben ihre kollektive Kompetenz in dem Maße zu steigern, in dem neue Teilnehmer, das heißt neue Knotenpunkte, hinzustoßen. Ein zentraler Lenker würde wohl nie auf die Idee kommen, beispielsweise die E-Mail eines Hamburger Matrosen in kleine Informationspäckchen zu zerlegen, den einen Teil über Mombasa, den zweiten Teil über Peking und den dritten Teil über Buenos Aires zu leiten, um alle drei schließlich in Bremen wieder zusammenzusetzen und dem Kumpel des Matrosen als komplette E-Mail zu servieren. Solche verschlungenen Pfade entstehen nicht auf dem Reißbrett von Bürokraten, sondern folgen ökonomischen Erwägungen und werden ermöglicht von einem dummen Netz und seinen vielen kleinen minimal intelligenten Knotenpunkten, die sich und ihre direkte Nachbarschaft sehr gut kennen, denen das große Ganze aber schnuppe ist.

Zentralistische Organisationsstrukturen und autoritäre Führer werden damit obsolet. Dank des Digitalen auch im Analogen. Die Plünderer aller Couleur wissen dies nur allzu gut. Und genau deshalb haben Sie die NSA-Leaks von Edward Snowden zum Anlass genommen, das so lange Zeit weitgehend freie Internet nun bald endgültig unter ihre Fittiche zu nehmen.

Edward Snowden hält dabei her als Mann, der den Stein ins Rollen gebracht, der aufgedeckt hat, wie gefährlich ein freies Internet für den einzelnen Menschen sein kann. Deutsche Bürger werden von US-amerikanischen Geheimdienstlern abgehört? Dann muss das Internet eingehegt werden. Es müssen Grenzen gezogen werden. So der Lösungsweg der Zentralregierungen. Alternativlos. Auf eine Balkanisierung läuft dies hinaus, auf ein Zerteilen des Internets in kleinere regionale Netze, die vom jeweiligen territorialen Gewaltmonopolisten ohne viel Aufwand überwacht und im Bedarfsfall eingeschränkt werden können.

Der Markt der digitalen Kommunikation wird damit einer planwirtschaftlichen Generalüberholung unterworfen. Die großen staatsnahen Player übernehmen das Ruder, wie wir anhand des Beispiels Telekom versus Whatsapp beobachten konnten. Die kleinen Mitspieler versuchen derweil, näher zu robben an die Rockzipfel der Mächtigen. Auf der Strecke bleibt die Innovation, der Mut, Neues zu wagen und zu neuen technologischen Höhenflügen anzusetzen. Denn bei Verstößen gegen den Willen der Monopolisten droht die politisch abgesegnete Bestrafung. Spiele mit oder fliege raus. Das ist das Motto der Internetwirtschaft in der Ära nach Snowden.

Doch ob Weißes Haus in Washington oder Waschmaschine in Berlin: Der Glaube, eine Regierung könne auch nur annähernd gute Dienste zu günstigen Preisen leisten, wird sich letztendlich immer als Irrglaube erweisen.

Doch bleibt noch Hoffnung? Welche Alternativen gibt es? Was bleibt zu tun?

Ein ganz neues Internet aufzubauen vielleicht...

Zurück zu den Wurzeln – Private bauen neue Netze

Allen voran sind es anno 2016 natürlich die großen Konzerne, die den Aufbau neuer technischer Strukturen vorantreiben. Der Elektronik-Gigant Samsung zum Beispiel will über Satelliten eine 5G-Internetverbindung auch in den entlegenen Gebieten der Welt zur Verfügung stellen.

Während Google zuletzt auf Ballons setzte und Facebook Drohnen für bessere und ausgedehntere Internetverbindungen nutzen will, konzentriert sich Samsung auf Satelliten. Die Rede ist von Low Earth Satellites (LEO), die im niedrigen Orbit ihre Bahnen ziehen. Samsungs Chef der Forschungsabteilung, Farooq Khan, präsentierte die Idee im Herbst 2015 in Dallas. „Fast zwei Drittel der Menschheit hat im Moment noch keinen Zugriff auf das Internet – weder mit noch ohne Kabel“, so Khan in einem Thesenpapier. „Wir präsentieren einen ‚Weltraum-Internet-Vorschlag‘, der in der Lage ist, ein Datenvolumen von einem Zetabyte pro Monat anzubieten.“ Das entspräche 200 Gigabyte pro Monat für fünf Milliarden Nutzer weltweit.

Dafür wolle man etwa 4.600 preisgünstige Mikrosatelliten im erdnahen Orbit bereitstellen. Von diesen sei jeder in der Lage, Datenraten in der Größenordnung von einem Terabit pro Sekunde zur Verfügung zu stellen, so Khan. Die Satelliten würden dann in einer Höhe von etwa 1.400 Kilometern fliegen – also deutlich unter dem geostationären Orbit in Höhe von etwa 35.786 Kilometern. Die Satelliten im Orbit sollen dann mit den Systemen am Boden und in der Luft – wie etwa Mobilfunk, Wi-Fi (Flugzeuge, Autos, Handy et cetera) – direkt über Antennen miteinander kommunizieren. „Wir glauben, dass unser Weltraum-Internet-Vorschlag uns einen Schritt näher dahin bringen wird, die ganze Menschheit zu verbinden und zu stärken.“

„Aquila“ heißt Facebooks globales Internetprojekt. Basis sind Drohnen mit einer Spannweite, die einer Boeing 767 entspricht. Aufgrund ihres geringen Gewichts sollen die Drohnen in der Lage sein, mittels Solarenergie drei Monate zu fliegen. Ein Laserstrahl soll dann das Internet von einer Höhe von etwa 20 und 30 Kilometern auf die Erde schicken.

Googles „Loon“ hingegen setzt auf Heliumballons innerhalb der Stratosphäre. Etliche Ballons hat Google bereits getestet. Für eine konstante Internetverbindung weltweit müssten jeweils im Abstand von 40 Kilometern Ballons plaziert werden.

Doch auch ohne das ganz große Geld stellen kleine Teams heute schon Beachtliches auf die Beine…

Hyperboria – Ein Netz von Nutzern für Nutzer

„Hyperboria“ heißt ein Projekt in den USA. Die Initiatoren haben es sich zur Aufgabe gemacht, ein großes Netzwerk unabhängig von den heute aktiven Netzbetreibern aufzubauen. Funktionieren soll dies über die WLAN-Funktion der Endnutzer-Geräte. Auf diese Weise könnten sich Smartphones mit Computern und Fernsehern, Nachbarn mit Nachbarn, Stadtteile mit Stadtteilen und Städte mit Städten digital verknüpfen.

Den beiden Hyperboria-Entwicklern Finn Herzfeld und Luke Evers konnte ich in einem kurzen Gespräch ein paar Details entlocken.

Finn Herzfeld: „In diesem Projekt haben sich die unterschiedlichsten Menschen mit den unterschiedlichsten Motiven zusammengefunden. Hyperboria selbst stellt keine eigene Infrastruktur, sondern konzentriert sich voll und ganz auf die Netzwerk-Software. Unser gemeinsames Ziel ist, alles, was heute im Internet möglich ist, bald auch über Hyperboria-Netze verfügbar zu machen. Das Tolle ist, dass wir hier eine Ende-zu-Ende-Verschlüsselung jeglicher Kommunikation anbieten und damit das Netz weitgehend sicher gestalten können.

Momentan haben wir circa 500 Knotenpunkte in Hyperboria. Die Tendenz ist steigend, aber wir wissen natürlich, dass wir noch eine lange Strecke vor uns haben, bevor wir das traditionelle Internet wirklich werden herausfordern können.“

Luke Evers: „Wir sind wirklich guten Mutes, dass die Gemeinschaft weiter wachsen wird. Viele nutzen das Netzwerk bereits täglich.“

Finn Herzfeld: „Die meisten von ihnen nutzen das Netz momentan für Chat-Programme.“

Luke Evers: „Es gibt aber auch schon einige andere Dienste, wie E-Mail-Anbieter, einen Twitter-Klon und eine Variante von Youtube.“

Gegenschlag – Mit der Blockchain zur Entstaatlichung

Macht das Internet die Welt nun zu einem besseren Ort oder nicht? Was wäre, wenn der Cyberspace nur eine durch die rosarote Brille erblickte Fata Morgana wäre? Was wäre, wenn, während wir es alle mehr oder weniger ahnen, die staatliche Ordnung um uns herum Stück für Stück zerbröseln würde?

Solcherlei Fragen stellt Ian Angell, emeritierter Professor an der London School of Economics, in seinem Werk „The New Barbarian Manifesto". In diesem Buch präsentiert er Überlebensstrategien für das Informationszeitalter, die sich stark unterscheiden von den üblichen Floskeln der eher auf den Staat vertrauenden netzpolitischen Aktivistengemeinde. Vollkommen politisch unkorrekt stellt Ian Angell die „große politische Frage der kommenden Jahrzehnte" in den Mittelpunkt, „wie man sozial verträgliche Mittel zur Demontage der Demokratie" finden könnte. Demokratie sei notwendig gewesen im Industriezeitalter, um Arbeitermassen zu organisieren, zu beruhigen und zu lenken. Überholt sei sie aber im Informationszeitalter, das das Individuum und seine Fähigkeiten betont. Die Demokratie sei gar schädlich im 21. Jahrhundert, so Angell, und nichts weiter als „eine Verschwörung des Mobs gegen die Schöpfer des Wohlstands". Rettung könnte das zeitgeistige Nonplusultra der Kollektivorganisation nur finden mittels einiger schneller Schritte zurück auf dem Weg zur totalen Gleichheit, durch spürbare steuerliche Entlastungen und die Einführung des Zensuswahlrechts. Der Einzelne müsse endlich auch politisch die Wertschätzung erhalten, die ihm gebührt und die ihm in wirtschaftlichen und sozialen Bezügen dank des Internets längst widerfährt, so Angell.

Doch Ian Angell ist Realist und glaubt nicht, dass solche Schritte jemals von der Politik in Erwägung gezogen würden.

Prinzipielle Änderungen könnten nur erreicht werden, wenn zunächst die Fundamente der Massengesellschaft in Frage gestellt würden: die Nation, das Gemeinwohl, die kollektiven Werte und letztlich eben auch die Demokratie. Eine Zersplitterung der politischen Landschaft wäre die Folge, und im Zuge dessen würden viele kleine konkurrierende Einheiten entstehen. Dem Individuum gehöre die Zukunft und die Aufmerksamkeit dieser entstehenden neuen Einheiten. Schon heute, insbesondere seit Beginn der Finanzkrise, sei die Demokratie zudem längst erledigt, weil die neuen Technologien eine Bewahrung von Herrschaftswissen verunmöglichten.

Ian Angells Vision von einer zweiten, von zahlreichen Städten und Kleinstaaten getragenen, Renaissance liegt vielleicht viel näher, als manch einer zu träumen wagt.

Möglich macht dies die Blockchain, ein digitales, dezentrales Verzeichnis von Daten jeder gewünschten Art. Bitcoin-Nutzer verwenden die Blockchain, um alle Transaktionen, die in diesem Geld-Netzwerk getätigt werden, auf jedem Rechner eines jeden einzelnen Nutzers zu speichern. Doch genauso kann die Blockchain auch dazu verwendet werden, um Verträge zwischen Individuen fälschungssicher zu dokumentieren. Jede auf den Rechnern der Nutzer gespeicherte Blockchain-Datei enthält alle Daten und Informationen, die in dem entsprechenden Netzwerk jemals generiert wurden. Jede einzelne Transaktion bei Bitcoin zum Beispiel wird also auf jedem Rechner des Netzwerks gespeichert. Damit erscheint die Blockchain fälschungssicher. Hacker müssten schon alle beteiligten Geräte infiltrieren, was unmöglich erscheint, bedenkt man, dass die Blockchain auch offline auf einem USB-Stick gespeichert werden kann.

Nun wird die Blockchain allerdings nicht nur zur Überweisung von Bitcoins genutzt. Zwei Entwicklergemeinschaften arbeiten derzeit daran, auch viele verschiedene Arten von zivilrechtlichen Verträgen fernab staatlicher Strukturen zu ermöglichen. Auf den Plattformen von Bitnation und Ethereum soll es jedem interessierten Anwender möglich gemacht werden, Dienstleistungen anzubieten, die bislang nur dem öffentlich-rechtlichen

Sektor zugestanden wurden. Nicht weniger als die Erschaffung eines „Welt-Computers“ haben sich die Initiatoren von Ethereum auf die Fahnen geschrieben. Hinter vorgehaltener Hand munkeln ängstliche Geister von einer Realisation des „Skynet“ aus den Terminator-Filmen.

Komplette Strukturen von Organisationen, Unternehmen und Projekten sollen mit Hilfe der Blockchain-Technologie im Programmcode abgebildet werden können – überwachungsfrei und ohne Zensurmöglichkeit für Dritte. In einer dezentralen, von der Blockchain gesteuerten Organisation werden die verschiedenen Rollen und Regeln im Programmcode abgebildet. Alle Interaktionen werden in der Blockchain gespeichert. Damit können sowohl die Eigentumsverhältnisse der einzelnen Mitglieder als auch die Entscheidungen der Organisation in der Blockchain dokumentiert werden.

Allerdings stehen Bitnation wie auch Ethereum erst in den Startlöchern. Und Ethereum zumindest arbeitet noch sehr langsam. Projektchef Vitalik Buterin sagte dazu gegenüber dem IT-Nachrichtendienst Golem: „Ethereum 1.0 ist meiner Meinung nach genauso wenig wie andere Blockchain-Projekte inklusive Bitcoin bereit für die Mainstream-Nutzung. Es ist unrealistisch, anzunehmen, dass man eine von mehreren Millionen Menschen genutzte Plattform sein kann, wenn es ein Limit von zehn bis 20 Transaktionen pro Sekunde gibt, wie es bei Ethereum derzeit der Fall ist.“ Viele Jahre noch werde es dauern, bis die Blockchain-Technologie entsprechend skaliert werden kann.

Dennoch arbeiten heute schon eine Handvoll Anwendungen mit Ethereum. Weifund zum Beispiel ermöglicht Crowdfunding-Projekte. Und mit Boardroom können Organisationsschemata abgebildet, Abstimmungen durchgeführt und Dokumente unterzeichnet werden.

Die Idee hinter Bitnation und Ethereum kann nicht nur das Internet revolutionieren, sondern vor allem auch die Beziehungen der Menschen in der realen Welt. Der Staat als vermeintlich neutraler Schiedsrichter und Vermittler wird obsolet. Geographische Distanzen zwischen den Menschen werden genauso an Bedeutung verlieren wie nationale Grenzen der Staaten. Die Menschen erhalten weitere Chancen, sich eigenständig zu organisieren – vorausgesetzt, es wird gelingen, die Blockchain vor Infiltrationen des Staates zu schützen.

Bitnation Emergency ID

Auch in der Migrationsdebatte könnte die Blockchain einige Bedeutung erlangen.

„Deutschland wird geflutet“, echauffiert sich der eine Staatsanhänger. „Deutschlands Bevölkerung wird ausgetauscht“, echauffiert sich der andere. Eine sogenannte „Flüchtlingskrise“ ist in aller Munde. Und selbst manch einer, der nicht in das ganz große Wehklagen über wandernde Menschen und zusammenbrechende Sozialsysteme einstimmen möchte, verzweifelt angesichts der zunehmenden Unordnung an den deutschen Grenzen. Dort überschreiten reale Menschen fiktive Grenzlinien. Unregistriert. Ungemeldet. Unkontrolliert. So etwas geht gar nicht. In Deutschland.

Grund dafür ist einzig und allein das überbordende staatliche Zwangssozialsystem. Die Nettoeinzahler (wer ist das heute noch?) sind naturgemäß darauf bedacht, so wenige Nettoprofiteure (wer ist das heute nicht?) in das System hineinzulassen wie möglich. Jeder Nettoprofiteur mehr bedeutet schwindende Auszahlungen für alle Beteiligten. Da tun Grenzen, zunächst zwischenmenschlich, dann physisch, bitter not, will man die wankende Krake nicht kollabieren lassen.

Doch was bedeutet die staatliche Registrierung für den einzelnen Menschen konkret?

Sei es nach Geburt im Inland oder bei Einreise aus dem Ausland: Den aktiven Part dieser Prozedur übernehmen Angestellte des Staates. Der Passive, der Geborene beziehungsweise der Einwanderer, wird erkennungsdienstlich behandelt. Damit er nicht verlorengeht. Damit er dem Staat nicht verlorengeht. Damit auf ihn zurückgegriffen werden kann, er den staatlichen Stellen stets verfügbar ist. Denn wer weiß? Vielleicht wird er gar eines schönen Tages steuer- und abgabenpflichtig.

Die Staatsgebilde dieser Welt haben vor etlichen Jahren bereits untereinander ausgeheckt, wer auf welchem Territorium das Gewaltmonopol beanspruchen darf. Die Grenzen sind definiert. Die Zuständigkeiten sind geregelt. Widerspruch ist selten geworden.

Die europäischen Regierungschefs einigten sich am 25. Oktober 2015 während des Westbalkangipfels auf einen 17-Punkte-Plan. In diesem ist zu lesen, dass der ungebremste Weitertransport von Flüchtlingen in ein anderes Land ohne dessen Zustimmung nicht weiter hingenommen werden könne. „Die Politik des Durchwinkens“ sei „nicht akzeptabel“, hieß es in der Abschlusserklärung.

Und um die staatliche Registrierung von Individuen zu optimieren und damit den Schutz des Zwangsversorgungssystems zu gewährleisten, einigten sich wenige Tage später, am 5. November, die Parteivorsitzenden von CDU, CSU und SPD, einheitliche Flüchtlingsausweise samt Datenbank auszuhändigen beziehungsweise einzurichten. Ordnung in den Flüchtlingsstrom zu bringen, lautet das Ziel.

Ordnung. Sicherheit. Können solcherlei allein staatliche Agenturen bewerkstelligen? Das „Nein“ auf diese Frage beweisen wollen technikbegeisterte junge Menschen. Im Rahmen des Projekts Bitnation und basierend auf der von Bitcoin bekannten Blockchain-Technologie bieten sie Interessierten weltweit eine sogenannte „Bitnation Emergency ID“ (BE-ID) an, ein elektronisches Zertifikat zum fälschungssicheren Nachweis der eigenen Identität.

Der Prozess funktioniert folgendermaßen: Auf der Projektseite wird eine virtuelle Identität angelegt. Die Namen, die Körpergröße und das Geburtsdatum sind dazu obligatorisch. Optional können die Namen von Familienmitgliedern eingegeben werden. Die übermittelten Daten werden verschlüsselt in die Blockchain des Projekts übermittelt und mit einem Zeitstempel versehen. Gleichzeitig erhält der auf diese Weise Registrierte einen QR-Code, den er ausdrucken oder in elektronischer Form speichern sollte. Dieser QR-Code nimmt später die Rolle des Personalausweises ein. Wird er eingescannt, kann der dazu passende Datensatz innerhalb der Blockchain entschlüsselt und mit den im QR-Code gespeicherten Informationen verglichen werden. Die Identität des Besitzers des QR-Codes kann verifiziert werden.

Anstatt also einem Staat die Verifikation eines personenspezifischen Datensatzes anzuvertrauen, übertragen die sich Registrierenden diese Kompetenz auf die Blockchain-Technologie. Da der Datensatz, den die jeweilige Person per QR-Code mit sich führt, den gleichen Zeitstempel trägt wie der Personen-Datensatz in der Blockchain, erscheint die nachträgliche Fälschung einer Identität nur schwer möglich. Zusätzlich kann ein Sicherheitsmerkmal eingebaut werden, indem sich Familienmitglieder gegenseitig namentlich in ihre Datensätze aufnehmen. Bei einer späteren Überprüfung in der Wirklichkeit übernehmen sie dann untereinander eine Art Zeugenfunktion. Sie bürgen für die Identität des anderen.

In Zukunft soll die Bitnation Emergency ID um weitere Sicherheitsmerkmale ergänzt werden. „Vor allem wird es dann auch möglich sein, die ID mit einem Portraitfoto anzureichern und den Datensatz auf einer Plastikkarte gespeichert bei sich zu führen“, erklärt der schwedische Bitnation-Programmierer Johan Paulsson gegenüber der Zeitschrift „eigentümlich frei“. Er und seine Mitstreiter haben es sich zum Ziel gesetzt, mittelfristig die staatlichen Lösungen zur Identifizierung von Menschen zu übertrumpfen und langfristig auch von den Organisationen der Vereinten Nationen anerkannt zu werden.

Dies alles mag für manchen wie die spitzfindige Idee einiger realitätsferner Nerds aussehen. Wie sicher kann die BE-ID schon sein? Welchen Wert hat sie in der Wirklichkeit? Wie zuverlässig ist die Technik? Allesamt berechtigte Fragen. Die allerdings auch gegenüber dem staatlich vertriebenen Konkurrenzprodukt gestellt werden sollten. Auch die Zuverlässigkeit eines Personalausweises aus der Bundesrepublik beruht darauf, dass sein Besitzer ein Stück Plastik mit sich herumträgt, auf dem Daten vermerkt sind. Nur ein staatlich Bediensteter mit Zugriff auf die Datenbank der Meldebehörden kann diese Daten verifizieren. Es existiert also auch hier eine Datenbank als Gegenpart zur mobilen Identitätskarte. Wer außer den Bürokraten bürgt hier für Zuverlässigkeit und Stimmigkeit?

Bislang entscheidender Vorteil des staatlichen Ausweises: Auf ihm prangt das Wappen eines öffentlich anerkannten Gewaltmonopolisten. Doch genauso wie das von ihm emittierte Papiergeld basiert auch diese Autorität auf nichts weiter als dem Vertrauen der Bürger.

Ein wackliges Fundament. Denn was würde geschehen, entzögen die Steuergeber angesichts von Schulden-Währungs-Finanz-Flüchtlings-Bildungs-Wirtschafts-Sicherheits-Krise den Steuernehmern ihr Vertrauen?

Interview mit Aaron Koenig

Aaron Koenig ist seit 2011 in der Bitcoin-Wirtschaft engagiert. Er hat mit seiner Firma Bitfilm zahlreiche Filme für Bitcoin-Startups produziert. Koenig organisiert ein Bitcoin-Filmfestival sowie eine monatliche Bitcoin-Tauschbörse in Berlin. Er ist Diplom-Kommunikationswirt und seit 1994 in der kreativen Internetbranche tätig. Für dieses Buch präzisierte er die Sicherheitsaspekte der Blockchain.

Lindhoff: Lieber Herr Koenig, Kritiker der Blockchain äußern vor allem Zweifel bezüglich der Datensicherheit. Welche Mechanismen hat die Krypto-Gemeinde implementiert, um eine Infiltration seitens des Staates oder anderer großer Gruppierungen zu verhindern?

Koenig: Es gibt ja mehrere Blockchains, die unterschiedliche Sicherungsverfahren verwenden. Je mehr Rechenleistung hinter einer Blockchain steht, desto höher ist ihre Sicherheit. Die mit Abstand bedeutendste Blockchain, die von Bitcoin, verwendet zum Beispiel das „Proof-of-Work"-Verfahren. Das bedeutet, dass sehr aufwendige Rechenleistungen zu erbringen sind, bevor man einen neuen Block an die Blockchain anhängen kann. Das Bitcoin-Netzwerk hat jetzt schon mehr Rechenleistung als alle Supercomputer der Welt zusammen, man müsste daher extrem viel Geld in Computerpower investieren, um dort mitzuhalten.

Lindhoff: Ist das schon alles?

Koenig: Hinzu kommt, dass für das „Hashing" – also die Berechnung, ob Bitcoin-Transaktionen korrekt sind – mittlerweile spezielle Computer benötigt werden. Selbst wenn Google, Facebook und die NSA ihre gesamte Rechenpower zusammentäten, würde ihnen das nichts nützen. Sie müssten erst in spezielle ASIC-Chips investieren, die aufs Hashing spezialisiert sind. Und erst wenn man über die absolute Mehrheit der Rechenleistung verfügte, könnte man nur im beschränkten Umfang manipulieren, zum Beispiel Bitcoins mehrfach ausgeben.

Lindhoff: Doch nehmen wir einmal den klassischen Bösewicht aus den James-Bond-Filmen. Ein reicher Mogul wedelt mit den dicken Scheinen und sichert sich ein gewaltiges Rechnernetz. Was würde passieren?

Koenig: Sollte tatsächlich einmal jemand über 51 Prozent der Rechenpower des Bitcoin-Netzwerks verfügen, würde es sich für ihn viel mehr lohnen, nach den Regeln zu spielen und dafür mit neuen Bitcoins belohnt zu werden, statt die Regeln zu brechen. Da werden also eher die potentiellen Angreifer vom Bitcoin-Virus infiziert als umgekehrt. Eine Manipulation wäre bei weniger populären Blockchains – zum Beispiel der Litecoin oder Dogecoin-Blockchain – einfacher, aber auch weniger interessant.

Lindhoff: Könnten Staaten oder andere Monopolisten ein Interesse daran haben, eine eigene Blockchain aufzubauen?

Koenig: Natürlich ist es möglich, dass Staaten und Banken ihre eigenen Blockchains aufsetzen und sie zum Beispiel nicht offen gestalten, sondern nur für bestimmte Teilnehmer zulassen. Das geschieht schon jetzt, aber ich sehe darin keine Gefahr für offene Blockchains, weil genau die Offenheit ihre große Stärke ist. Von Staaten und Banken betriebene Blockchains mögen für bestimmte Anwendungen nützlich sein, aber sie werden niemals an die Kraft von weltweit verfügbaren, öffentlichen Blockchains heranreichen.

Lindhoff: Wie kompliziert stellt sich generell die Entwicklung einer Blockchain dar?

Koenig: Die Regeln, nach denen ein Block an die Blockchain angehängt werden kann, sind klar definiert und für jedermann nachprüfbar. Viele Tausend Miner arbeiten gleichzeitig mit Hochdruck daran, dass „ihr" Block als erster fertig wird, um die Belohnung von zur Zeit 25 Bitcoins zu erhalten. Das geht nur, wenn ein Block alle Regeln erfüllt. Ein „gefälschter" Block würde von den anderen Minern schlichtweg nicht akzeptiert werden. Nur ein Block, der korrekt ist und dessen Miner eine spezielle kryptographische „Rechenaufgabe" als erster löst, wird an die Blockchain gehängt. Sobald jemand einen korrekten Block gefunden hat, wird dies von allen anderen überprüft. Erst wenn ein Block vom gesamten Netzwerk akzeptiert ist, begeben sich alle an die Arbeit am nächsten Block.

Es ist daher unmöglich, etwas zu tun, das von den anderen Nutzern nicht bemerkt wird. Das ganze Bitcoin-Netzwerk beruht ja gerade darauf, Dinge öffentlich zu tun und alle anderen Teilnehmer des Netzwerks über alles, was man tut, auf dem Laufenden zu halten. Man spricht sogar vom „Broadcasting" einer Transaktion ins Netzwerk. Im Verborgenen läuft da gar nichts.

Lindhoff: Aber man hört und liest doch des öfteren von Problemen des Systems, gerade in Bezug auf das Vorzeigeprojekt Bitcoin. Kamen nicht auch manches Mal schon gefälschte Blöcke in den Umlauf?

Koenig: Nein. Noch nie. Hin und wieder passiert es, dass zwei korrekte Blöcke gleichzeitig gefunden werden. Dann gibt es für einige Zeit zwei parallele Stränge der Blockchain. Das ist aber nicht weiter schlimm. Meistens einigt sich die Miner-Gemeinde schon beim nächsten Block, der gefunden wird – also nach rund zehn Minuten – auf die längste und damit gültige Blockchain. Ihr anderer „Seitenarm" wird dann verworfen. So etwas kommt etwa einmal am Tag vor. Die längste „parallele" Blockchain, die es je gab, bestand soweit ich weiß aus vier Blöcken. Es ist also zufälligerweise viermal hintereinander passiert, dass je zwei Miner die Rechenaufgabe zur gleichen Zeit gelöst haben.

Dies ist der Grund, warum man bei einer großen Bitcoin-Überweisung einige Bestätigungen abwarten sollte. Es ist zwar sehr unwahrscheinlich, dass die Transaktion, auf die ich warte, für einige Zeit in einem „toten Seitenarm" der Blockchain landet und in dieser Zwischenzeit der Absender das Geld noch einmal ausgibt, aber es ist nicht völlig ausgeschlossen. Nach rund einer Stunde kann man davon ausgehen, dass es mathematisch unmöglich ist. Der Wirt, der ein Bier für Bitcoins verkauft, braucht das nicht zu tun. Bei einer so geringen Summe lohnt sich die Wartezeit nicht.

Interview mit Stefan Dyck

Stefan Dyck ist einer der Entwickler von Bitnation. Für dieses Buch präzisierte er die Vision der Macher.

Lindhoff: Zunächst ganz simpel. Was will Bitnation? Können Sie einem technischen Laien das Angebot und die Ziele des Projekts erläutern?

Dyck: Klar. Laut dem amerikanischen Physiker Michio Kaku befindet sich die Weltzivilisation auf dem Sprung von einer Typ-0- zu einer Typ-1-Zivilisation. Das heißt, eine globale Kultur, eine globale Währung, ein globales Bewusstsein und eine globale Regierung, nur so kann Frieden, Wohlstand und Zusammenhalt langfristig gewährleistet werden und damit langfristig auch die Kolonialisierung extraterrestrischer Planeten durch den Menschen. Bitnation selber ist ein dezentrales Netzwerk, das nationale Herrschaftsstrukturen obsolet machen möchte. Rein logisch betrachtet ist es viel sinnvoller, Online-Regierungen zu etablieren, die in freiem Wettbewerb zueinander stehen.

Lindhoff: Woran arbeiten Sie momentan?

Dyck: An einer Online-Plattform, die einfache Regierungs-Produkte wie IDs, Versicherungen und Notarbeglaubigungen anbietet. Alles auf freiwilliger Basis, ohne Anwendung von Gewalt. Es geht darum, einen Paradigmenwechsel einzuleiten, der dazu führt, dass Regierungen sich verändern. Es geht einfach darum, logisch zu hinterfragen, wie die Welt weiter funktionieren kann. Gelderschaffung aus dem Nichts durch das Erschaffen von Schulden, soziale Wohlfahrtsstaaten, die die Mittelschicht entkräften, all das ist langfristig nicht mehr haltbar. Was wir liefern, sind Gedankenanstöße, die Tabu-Themen aufbrechen, das Unmögliche wahrmachen wollen.

Lindhoff: Klingt nach Utopia.

Dyck: Sicherlich. Aber auch Charlie Chaplin hat ja behauptet, der Tonfilm würde sich niemals durchsetzen. So ist das mit Bitnation in Relation zu internationalen und nationalen Regierungsgebilden. Sie sind die Farbe und der Ton zum Stummfilm. Auch was Selbstpartizipation angeht.

Lindhoff: Gehen wir einmal zurück auf Start. Was macht dieses globale Bewusstsein aus, und wie ist es entstanden?

Dyck: Globales Bewusstsein bedeutet, dass es dir egal ist, aus welchem Land jemand kommt. Die erste globale Kunstform ist wahrscheinlich der Dadaismus, 1914 in der Schweiz entstanden. Als Resistance gegen den Ersten Weltkrieg. Was Michio Kaku hingegen mit globalem Bewusstsein meint, ist die moderne Popkultur, Justin Bieber ist ein globaler Held, ich habe Plakate von ihm in Taiwan gesehen. Wirklich entstanden ist das ganze ab 1945 durch Hollywood in den USA, Filme, die global weiterverbreitet werden. Filme, Kunst, Wirtschaft, Handel kennt keine Grenzen. Es gibt ja auch diesen Leitsatz: „Die Digitalisierung wird die Welt zu einem globalen Dorf machen." Ich war mal 2,5 Jahre lang professioneller Online-Pokerspieler, da saßen an jedem Tisch Leute aus allen Ländern der Welt. Jeder merkt ja, wie klein die Welt wird, Facebook, Youtube, Google, wir sind alle miteinander durch das Internet verknüpft. Und bald wird man das auch monetär und regierungstechnisch sein.

Lindhoff: Worin werden sich Online-Regierungen von den heutigen unterscheiden?

Dyck: Das ist scher zu sagen. Langfristig wird das ein Dienstleistungssektor wie jeder andere auch sein. Es wird am Anfang eine Verbotswelle dagegen geben, die auch zu massenhaften Migrationswellen führen kann. Wenn jemand in einem zehn Kilometer entfernten Land leben kann, wo Milch und Honig fließt, wird er sich auf den Weg machen. Das sehen wir ja bereits heute. Was der generelle Unterschied zu heutigen Regierungen sein wird, ist folgendes: Erstens, der lokale Standort wird keine Rolle spielen. Zweitens, Online-Regierungen werden durch automatisierte Datenprozesse zu 99,9 Prozent billiger sein als das, was wir heute für Regierungsarbeiten zahlen. Drittens, es wird freiwillige Expertenkomitees geben, die sich auf kommunaler Ebene selbstorganisatorisch um Dinge kümmern werden. Viertens, es wird keine großen Armeen mehr geben wie heute. Fünftens, der Rüstungsindustrie wird jegliche Grundlage entzogen, genauso wie Nachrichtendiensten. Sechstens, durch Universal Basic

Income werden wir eine neue Wirtschaftsform erleben. Weg von einer postindustriellen auf dem Dienstleistungssektor beruhenden Wirtschaft hin zum Einzelunternehmertum. Siebtens, Space Exploration wird im Vordergrund stehen. In 100 Jahren werden viele Jugendliche den Exodus zu anderen Kolonien der Erde vorziehen. Achtens, Regierungen werden wie Facebook unsichtbar in den Alltag einfließen. Neuntens, wir werden zigtausend Online-Staaten mit eigenen Regeln erleben. Zehntens, es wird Anarchie geben, aber im wahren Sinne des Wortes, das heißt selbstregulierende Inseln mit eigenständiger Souveränität.

Lindhoff: Werden in Bitnation denn auch Dienstleistungen für das reale Leben angeboten? Zum Beispiel Sicherheitsdienste oder ähnliches?

Dyck: Definitiv. Private Sicherheitsleute und Sicherheitsfirmen werden ihre Service-Angebote über Bitnation anbieten können. Es wird einen App-Store auf Bitnation geben, in dem jeder selbst Anwendungen und Dienste anbieten kann. Bitnation wird nicht realitätsfern sein, sondern nahe dran an den Bedürfnissen des Menschen.

Resümee

Wie frei kann ein Netzwerk noch sein, über das politische Institutionen sich befähigt und berufen fühlen, Regularien und Pläne zu schreiben?

Dies ist die zentrale Frage der Post-Snowden-Ära.

Das Internet war von Anfang an auf „Dummheit" getrimmt. Die Kupfer- und Glasfaserleitungen leiten lediglich Einsen und Nullen von Sendern zu Empfängern. Für alles andere sind seit eh und je die Anwender selbst zuständig. Hätte sich in den späten 70er Jahren die Internationale Fernmeldeunion, eine Sonderorganisation der Vereinten Nationen, durchgesetzt, sähe das Internet heute langweiliger und einförmiger, eben staatlich uniformiert, aus. Doch dank der Durchsetzungskraft des Kommunikationsprotokolls TCP/IP blieb die Intelligenz bei den Nutzern.

Doch welcher Politiker möchte heute schon intelligente Nutzer? Können solche wirklich gesund sein für einen auf Steuerknechtschaft und Meinungsgehorsam fußenden Umverteilungsstaat?

Ein jeder Eingriff eines Gewaltmonopolisten in sich selbst organisierende Systeme endete bislang in einem Bündel voller Pflichten, Zwänge und Hürden für Fortschritt und Wohlstand. Und auch wenn es die Damen und Herren Politiker wirklich von ganzem Herzen gut meinen, im konkreten Fall ein vermeintlich gefahrvolles, weil „dummes" Internet zum Wohle der Bürger zähmen wollen, werden sie am langen Ende Schaden anrichten.

Soll das anbrechende digitale Zeitalter aber konstruktiv genutzt werden, müssen Insellösungen konsequent vermieden werden. Der Weg zu weiterem Fortschritt und wachsendem Wohlstand führt auch im 21. Jahrhundert nur über die Vernetzung möglichst vieler Marktteilnehmer. Sicherheit „made in Germany", erst recht, wenn sie eine dumpfe Abschottung bedeutet, wäre ein schwerer Fehler.

Auch die Gefahren, die von den staatlichen Geheimdiensten ausgehen, stellen keinen Hinderungsgrund dar. Schließlich erscheint es höchst zweifelhaft, ob individuelle Nutzerdaten innerhalb Deutschlands enger Grenzen wirklich sicherer aufgehoben sind. Die NSA ist nicht der Oberschurke aus einem James-Bond-Streifen. Jede Regierung, auch die deutsche, strebt zuallererst danach, die eigene Bevölkerung zu überwachen. Oder würde etwa je ein schmieriger Kleinganove auf die Idee kommen, zuerst dem Pizzabäcker im Revier des Gegner-Clans Schutzgeld abzuknöpfen?

Die Menschen können nur verlieren, wenn sie sich Angst einjagen lassen und den Abschottungs- und Zentralisierungsambitionen der Regierungen das Wort reden. Die Individuen müssen mutig nach vorne treten, Grenzen einreißen, Verbindungen mehren und Austausch vorantreiben.

Dumme Netze für freie Menschen!

eigentüm

Eigentum

und Recht

und Freiheit

lich frei